神奈川大学
言語学研究叢書 3

# 古代中国語のポライトネス

歴史社会語用論研究

彭 国躍 著

ひつじ書房

神奈川大学言語学研究叢書

1　発話と文のモダリティ—対照研究の視点から　　　　武内道子・佐藤裕美 編
2　モダリティと言語教育　　　　　　　　　　　　　　富谷玲子・堤正典 編
3　古代中国語のポライトネス—歴史社会語用論研究　　彭国躍 著

# 序

　20世紀後半、Brown & Levinson (1978、1987) や Leech (1983) などがポライトネス (politeness) 問題を語用論の主要なテーマの1つとして扱って以来、ポライトネス研究は、従来の honorifics、敬語論を巻き込みながら、ことばの対人関係調節機能の研究として大きく進展し、人間行動の普遍性と文化の多様性の両面において大量の調査データが蓄積され、世界の諸言語、歴史言語への展開により時空共に大きな広がりを見せている。

　語用論研究は、大きく「一般語用論」(general pragmatics) と「社会語用論」(socio-pragmatics) に分けることができるが、一般語用論は、含意機能や発話行為に関する一般理論、高次の原理や原則に関する研究であり、社会語用論は、含意機能や発話行為の現象について、話し手と聞き手および登場人物の社会的属性や発話コンテクストとのかかわりの中で捉える研究で、社会言語学と語用論のインターフェースとも言える分野である。そして、歴史言語に現れる含意機能や発話行為現象の研究は「歴史語用論」(historical pragmatics) に属し、社会語用論の方法論を歴史言語に応用する研究は「歴史社会語用論」(historical socio-pragmatics) ということになる。

　中国には、従来少なくとも百年ぐらい前までは、歴史的関心が強く、人間関係などの社会性を重視し、実践論的であるという学問的風土があった。それだけに、中国語のポライトネス問題を歴史と社会の文脈で捉えるという試みは、中国語の語用論研究のニューフロンティアという意味合いを持つと同時に、伝統的な学問に対する再認識、再評価という作業にもつながるのではないかと思う。

　春秋戦国時代 (BC770 〜 BC221) に、孔子 (BC551 〜 BC479) は『論語・季氏』において

　　　邦君之妻, 君稱之曰夫人, 夫人自稱曰小童, 邦人稱之曰君夫人, 稱諸

異邦曰寡小君。異邦人稱之曰君夫人也。(国君の妻のことを、君が呼ばれるときには「夫人」といい、夫人が自分で君に対しては「小童」という。自国の人は国内では「君夫人」と呼び、外国に向かっていうときには「寡小君」と称する。外国の人がいうときには自国民と同様に「君夫人」と呼ぶ)

と言い、呼称を使う場合、呼ぶ人と呼ばれる人との間の、上下関係だけでなく、ウチ(邦人)とソト(異邦人)の関係にも配慮しながら表現しわけるものだと唱えている。老子(BC5世紀頃)は『老子・法本』において、

貴以賤爲本，高以下爲基。是以侯王自謂孤寡不穀。(貴いものは賤しいものを基本とし、高いものは低いものを基礎とするということから、諸侯や王者は、自分のことを「孤(みなしご)」、「寡(ひとりもの)」、「不穀(ふしあわせ者)」などと呼ぶ)

と言い、謙譲的自称詞「孤、寡、不穀」の字義的意味と話し手の高い身分との間の関係を弁証的に説き明かしている。孟子(BC372〜BC289)は『孟子・盡心』において、

人能充無受爾汝之實，無所往而不爲義也。(人から「爾、汝」(なんじ)などと呼ばれないように行動すれば、必ず何を行なっても義にかなうようになる)

と言い、2人称代名詞「爾、汝」の待遇値が低い現象を取り上げた。そして、左丘明(BC5世紀頃)は『春秋左氏傳・莊公』において、

且列國有凶，稱孤，禮也。(列国の王は、災難などがある時には(普段使う「寡人」から一段下げて)「孤」と自称するのが礼である)

と言い、コンテクストに合わせた敬語呼称の選択について「禮」という社会的倫理規範に基づいて解説した。

　戦国時代末期から漢代（BC206～AD220）にかけて、古代中国の訓詁学者たちはことばのポライトネス機能に強い関心を示しはじめた。穀梁赤（BC5世紀頃）は『春秋穀梁傳』において「尊稱、卑稱」、孔安国（BC2世紀頃）は『論語』の注釈において「謙辞、謙、親之、尊之、奨之」、趙岐（110～201年）は『孟子』の注釈において「謙辞、通稱、長老之稱、野人之稱」、鄭玄（127～200年）は『禮記』『詩經』など諸経の注釈において「尊稱、謙稱、卑稱、美稱、老人稱、未冠之稱」などさまざまな術語を創出し、それらを駆使しながら、古代中国語のポライトネス機能について訓釈を施した。

　われわれは、膨大な文献資料から、古代中国社会においてことばの対人関係機能が強く意識され、ポライトネス問題が古代中国人の言語生活における一大関心事であったことをはっきり読み取ることができる。

　しかし、残念ながら古代中国語のポライトネス現象がどのような表現群で構成され、その運用実態がいかなるものか、古代訓詁学者たちがそれらの現象をどのように捉えていたのか、その多くの部分は依然ベールに包まれている。われわれは現代の言語学研究の成果を踏まえた上で、その実態と真相を明らかにしていく必要がある。

　本書は、拙著『近代中国語の敬語システム―「陰陽」文化認知モデル』（白帝社2000年）の姉妹編として、筆者がこれまで取り組んできた古代中国語ポライトネス研究の一部集成である。前著は近代（13～19世紀）において体系化した中国語のメタファー型敬語を記述したものだが、本書は、BC8世紀～AD3世紀を中心に、近代メタファー型敬語体系が形成する以前の古代中国語の多様なポライトネス表現とその社会語用論的運用実態を記述し、中国の伝統的な言語研究（訓詁学）におけることばの対人機能の捉え方、研究実態を明らかにするものである。

　本書の構成について、第1章では司馬遷の『史記』における〈死亡〉という言語変項が持つさまざまな表現バリエーション、ポライトネス含意と指示対象の社会的身分との関係について実証的に論証している。第2章では

古代中国の倫理規範を示す『禮記』という書物に規定された呼称のポライトネス機能とその社会的属性、第3章では『禮記』に規定された言語表現や言語行動の禁則についてそれぞれ論じている。第2章と第3章は、近代中国語敬語体系の形成に大きな影響を与えた「陰陽」モデルに基づく古代中国の文化的価値観、世界観との関係について論及している。第4章は古代中国語敬語として重要な役割を果たし、従来の研究盲点でもあった副詞のポライトネス機能とその分類に関する体系的な記述である。第5章は漢代の代表的な訓詁学者鄭玄が施したポライトネス訓釈の実例を整理、分析し、その体系像を明らかにしたものである。第6章はポライトネス訓釈を施した歴代の訓詁学者たちとその訓釈内容について解説し、その原典と訓釈文の収集整理を通して、中国におけるポライトネスの意識史、研究史の鳥瞰図を示したものである。各章はそれぞれ独立性が高く、議論が細かくなることがあるため、読者は章を追うよりも関心のあるテーマから読むことをお勧めしたい。

　本書の刊行が中国語のポライトネス研究、歴史社会語用論分野の開拓に少しでも寄与することになれば、甚だ幸いである。

# 目　次

序　　　　　　　　　　　　　　　　　　　　　　　　　　　　　　　i

## 第1章　古代中国語における〈死亡〉の社会的変異
### ―『史記』言語運用の研究　　　　　　　　　　　　　　　　1

1. はじめに　　　　　　　　　　　　　　　　　　　　　　　　1
2. 用語の定義と作業仮説　　　　　　　　　　　　　　　　　　2
3. 異形の形態と意味の分析　　　　　　　　　　　　　　　　　3
   - 3.1　形態　　　　　　　　　　　　　　　　　　　　　　　3
   - 3.2　意味的特徴　　　　　　　　　　　　　　　　　　　　5
4. 社会的階層の分析　　　　　　　　　　　　　　　　　　　　7
5. 異形の社会的階層分布　　　　　　　　　　　　　　　　　　9
   - 5.1　［崩］　　　　　　　　　　　　　　　　　　　　　　9
   - 5.2　［薨］　　　　　　　　　　　　　　　　　　　　　10
   - 5.3　［卒］　　　　　　　　　　　　　　　　　　　　　11
   - 5.4　［死］　　　　　　　　　　　　　　　　　　　　　16
   - 5.5　その他の異形　　　　　　　　　　　　　　　　　　21
6. まとめ　　　　　　　　　　　　　　　　　　　　　　　　23

## 第2章　古代中国語における呼称の社会的変異
### ―『禮記』言語規範の研究　　　　　　　　　　　　　　　27

1. はじめに　　　　　　　　　　　　　　　　　　　　　　　27
2. 身分・階級による社会的変異　　　　　　　　　　　　　　29
   - 2.1　自称　　　　　　　　　　　　　　　　　　　　　　30
     - 2.1.1　話者と対者との身分による自称変異　　　　　　30
     - 2.1.2　話者の家柄と対者との身分による自称変異　　　36

2.2　他称 　　　　　　　　　　　　　　　　　　　44
　3. 場面・状況による社会的変異 　　　　　　　　　　　48
　　　3.1　自称 　　　　　　　　　　　　　　　　　　　48
　　　3.2　他称 　　　　　　　　　　　　　　　　　　　51
　4. 呼称変異の文化的背景 　　　　　　　　　　　　　　55
　　　4.1　礼の倫理秩序観 　　　　　　　　　　　　　　55
　　　　　4.1.1　上／下身分のわきまえ 　　　　　　　　56
　　　　　4.1.2　外／内、疎／親のわきまえ 　　　　　　57
　　　　　4.1.3　神／人のわきまえ 　　　　　　　　　　57
　　　　　4.1.4　公／私のわきまえ 　　　　　　　　　　58
　　　　　4.1.5　男／女のわきまえ 　　　　　　　　　　58
　　　　　4.1.6　善／悪のわきまえ 　　　　　　　　　　59
　　　4.2　「陰陽」2項価値の世界観 　　　　　　　　　 59
　5. 結論 　　　　　　　　　　　　　　　　　　　　　　60

## 第3章　ことばの禁則と社会的コンテクスト
　　　　―『禮記』言語規範の研究　　　　　　　　　　　63

　1. はじめに 　　　　　　　　　　　　　　　　　　　　63
　2. 『禮記』言語禁則の概観 　　　　　　　　　　　　　64
　3. 言語行為の禁則 　　　　　　　　　　　　　　　　　65
　　　3.1　質問行為の禁則 　　　　　　　　　　　　　　65
　　　3.2　呼称行為の禁則 　　　　　　　　　　　　　　68
　　　　　3.2.1　他称 　　　　　　　　　　　　　　　　69
　　　　　3.2.2　自称 　　　　　　　　　　　　　　　　70
　　　3.3　非難行為の禁則 　　　　　　　　　　　　　　71
　　　3.4　命名行為の禁則 　　　　　　　　　　　　　　72
　　　3.5　発語行為の禁則 　　　　　　　　　　　　　　74
　　　3.6　挨拶行為の禁則 　　　　　　　　　　　　　　75
　　　3.7　諫言行為の禁則 　　　　　　　　　　　　　　76

|  |  |  | |
|---|---|---|---|
| | 3.8 | 賞賛行為の禁則 | 77 |
| | 3.9 | 諱名行為の禁則 | 78 |
| | 3.10 | 命令行為の禁則 | 79 |
| | 3.11 | 弁明行為の禁則 | 79 |
| | 3.12 | 祈願行為の禁則 | 80 |
| | 3.13 | 諫言行為の禁則 | 80 |
| 4. | 言語随伴要素の禁則 | | 80 |
| | 4.1 | 態度の禁則 | 81 |
| | 4.2 | 発言順番の禁則 | 82 |
| | 4.3 | 声量の禁則 | 82 |
| | 4.4 | 距離の禁則 | 83 |
| 5. | 話題内容の禁則 | | 83 |
| 6. | 結論 | | 84 |

## 第4章　上古中国語の副詞型敬語の研究　　87

| |  |  | |
|---|---|---|---|
| 1. | 研究概要 | | 87 |
| | 1.1 | 研究の目的 | 87 |
| | 1.2 | 研究対象の時代範囲 | 88 |
| 2. | 先行研究 | | 88 |
| 3. | 問題提起 | | 91 |
| | 3.1 | 下位分類における混乱 | 91 |
| | 3.2 | 下位分類における定義設定の不備 | 93 |
| 4. | 文法機能に基づく下位分類 | | 94 |
| 5. | 敬謙副詞の例証 | | 97 |
| | 5.1 | 表敬副詞 | 97 |
| | | 5.1.1　枉 | 97 |
| | | 5.1.2　幸 | 97 |
| | | 5.1.3　垂 | 98 |
| | | 5.1.4　哀 | 98 |

|  |  |  |
|---|---|---|
| | 5.1.5　辱・屈 | 98 |
| | 5.1.6　恵 | 99 |
| | 5.1.7　猥 | 99 |
| | 5.1.8　請 | 100 |
| 5.2 | 表謙副詞 | 100 |
| | 5.2.1　伏 | 101 |
| | 5.2.2　仰 | 101 |
| | 5.2.3　忝 | 102 |
| | 5.2.4　奉 | 102 |
| | 5.2.5　承 | 103 |
| | 5.2.6　拝 | 103 |
| | 5.2.7　敬 | 103 |
| | 5.2.8　敢 | 104 |
| | 5.2.9　愚 | 104 |
| | 5.2.10　猥 | 105 |
| | 5.2.11　請 | 105 |
| | 5.2.12　謹 | 106 |
| | 5.2.13　竊 | 106 |
| 6. 結び | | 107 |

## 第5章　漢代鄭玄が訓釈した古代中国語の対人関係機能について―歴史語用論のアプローチ　109

| | | |
|---|---|---|
| 1. はじめに | | 109 |
| 2. 研究概要 | | 110 |
| | 2.1　研究目的 | 110 |
| | 2.2　先行研究 | 110 |
| | 2.3　研究対象 | 111 |
| | 2.4　研究方法 | 112 |
| 3. 鄭玄の対人関係機能の術語とその訓釈例 | | 112 |

|  |  |  |
|---|---|---|
| 3.1 | 尊敬表現類 | 113 |
| 3.2 | 謙譲表現類 | 116 |
| 3.3 | 美化表現類 | 121 |
| 3.4 | 失敬表現類 | 123 |
| 3.5 | 親密表現類 | 123 |
| 3.6 | 身分表現類 | 126 |
| 3.7 | 其他の表現 | 128 |
| 4. 鄭玄の対人関係機能訓釈の特徴 | | 130 |
| 4.1 | 表現上の特徴 | 130 |
| 4.2 | 方法論的特徴―多様な敬語・ポライトネス視点 | 131 |
| 5. おわりに | | 132 |

## 第6章　歴代訓詁学者のポライトネス訓釈―解説と資料　135

|  |  |  |
|---|---|---|
| 1. 解説 | | 135 |
| 1.1 | 訓釈の歴史社会語用論的意義について | 135 |
| 1.2 | 訓釈の対象となる文献について | 137 |
| 1.3 | 訓釈を施した人々の系譜について | 138 |
| 1.4 | 訓釈される言語現象の属性について | 141 |
| 1.5 | 訓釈に使われたメタ言語の種類について | 141 |
| 2. 資料 | | 143 |
| 2.1 | 公羊高(不詳　戦国) | 143 |
| 2.2 | 穀梁赤(不詳　戦国) | 144 |
| 2.3 | 毛亨(不詳　西漢) | 144 |
| 2.4 | 孔安國(不詳　BC156年～BC74年在世　西漢) | 145 |
| 2.5 | 揚雄(BC53～AD18年　西漢) | 146 |
| 2.6 | 許慎(58?～147年?　東漢) | 146 |
| 2.7 | 王逸(不詳　126～144年在職　東漢) | 147 |
| 2.8 | 馬融(79～166年　東漢) | 147 |
| 2.9 | 趙岐(110～201年　東漢) | 147 |

2.10　服虔(不詳　東漢)　148

2.11　鄭玄(127 ～ 200 年　東漢)　148

2.12　何休(129 ～ 182 年　東漢)　153

2.13　高誘(不詳　205 年に在職　東漢)　155

2.14　王肅(195 ～ 256 年　三国魏)　155

2.15　杜預(222 ～ 284 年　三国晋)　156

2.16　王弼(226 ～ 249 年　晋)　158

2.17　范寧(4 世紀頃　晋)　159

2.18　皇侃(488 ～ 545 年　南北・梁)　159

2.19　孔穎達(574 ～ 648 年　唐)　161

2.20　楊士勛(7 世紀　唐)　163

2.21　賈公彦(7 世紀　唐)　163

2.22　李善(？～ 689 年　唐)　163

2.23　楊倞(9 世紀頃　唐)　164

2.24　邢昺(932 ～ 1010 年　北宋)　165

2.25　孫奭(962 ～ 1033 年　北宋)　166

2.26　呂大臨(1040 ～ 1092 年　北宋)　166

2.27　陸佃(1042 ～ 1102 年　北宋)　166

2.28　朱熹(1130 ～ 1200 年　南宋)　166

2.29　錢杲之(不詳　宋)　168

2.30　陳澔(1260 ～ 1340 年　元)　168

2.31　張自烈(1564 ～ 1650 年　明)　170

2.32　汪瑗(16 世紀　明)　170

2.33　錢澄之(1612 ～ 1693 年　明・清)　170

2.34　劉淇(17 世紀末～ 18 世紀初　清)　170

2.35　王夫子(1619 ～ 1692 年　清)　171

2.36　孫希旦(1736 ～ 1784 年　清)　171

参考文献　175

| | |
|---|---|
| 初出一覧 | 181 |
| あとがき | 183 |
| 索引 | 185 |

# 第1章　古代中国語における〈死亡〉の社会的変異
## ―『史記』言語運用の研究

## 1. はじめに

　『禮記』は、BC 1 世紀ごろ漢宣帝時代の学者戴聖によって編著された古代中国の倫理規範に関する経典である。その内容の多くは孔子が書いたとされる『禮經』(現在散逸) に基づいたものである。『禮記・曲禮』には、「天子死曰崩、諸侯曰薨、大夫曰卒、士曰不禄、庶人曰死 (天子の死去を崩と称し、諸侯は薨、大夫は卒、士は不禄、庶民は死と称する)」と記されている。この記述は、古代中国社会において指示対象の身分階級などの社会的関数によってさまざまな死の表現が使い分けられるという社会言語学的、語用論的現象として多くの研究に引用されている (王力 1985: 148、陳建民 1989: 122、顧日国 1992: 11、沈錫倫 1995: 65 など)。しかし、倫理規範を示すことを目的とする『禮記』の性質を考えると、この記述をそのまま古代中国語の運用事実として理解するのにはまだ証拠不十分と言わざるをえない。『禮記』のこの記述がどの程度言語の運用事実を反映したかを知るためには、古代中国語の運用実態そのものを調べる必要がある。

　古代中国語の運用実態について、その多くは音声言語として永遠に消え去ってしまったが、当時の口語体に近い文体で書かれた書記言語の資料を通して、その一部に光をあてることは可能である。われわれは今回『禮記』の編纂時期とほぼ同じ時代に成立した書物『史記』(西漢、BC 1 世紀) を検証の対象として選び、そのテクストにおける死に関する表現の運用実態を調べることにする。

『史記』は、漢武帝時代の史官（太史令、中書令）を勤めた司馬遷の手による中国最古の紀伝体歴史書であり、中国伝記文学の先駆でもある。ただし、それは後世のフィクションとしての歴史小説とは違い、先史の部分を含めて歴史上の人物や事件を史実という認識のもとで書かれたものである。そして、『史記』に使われたことばは、「雅言」という古代中国語の標準変種に属するが、擬古体が多く交ざる後の『漢書』などと比べれば明らかなように、そのスタイルがより口語体に近いものとなっている。このような意味で『史記』は『禮記』の記述を検証する恰好な言語資料だと言える。

　『史記』は現在いくつもの版本が残っているが、本研究では、清朝金陵局本を底本とした中華書局本（1997）を調査の対象とする。『史記』は「本紀」「表」「書」「世家」「列傳」の5つの部門、あわせて130巻によって構成されている。『漢書』では当時においてすでに130巻のうち10巻の内容が散逸したと記されているが、その真相についてはまだ多くの謎に包まれ、具体的な散逸文章の個所についてもさまざまな議論が交わされ、その多くの説はまだ推測の域を出ない。したがって、今回の調査は全130巻の内容を対象とする。ただし、本文の末尾に綴られた「褚先生曰…」の内容は明らかに司馬遷の手によるものではないので、調査対象から除外した。

## 2. 用語の定義と作業仮説

　社会言語学において、複数の形態を有しながら、同一の概念的、命題的意味機能を有する言語項目のことを「言語変項」(linguistic variable)と言い、同一の「言語変項」に属しながら異なる社会的コンテクストの中で使われたさまざまな形態のことを「異形」(variant)と言う。以下「人間の生命活動が停止する」という意味の言語項目を1つの「言語変項」として捉え、〈死亡〉で表し、具体的な文脈の中で使われたさまざまな形態をその異形とみなし、［崩］、［薨］などのように表す。

　〈死亡〉の指示対象の身分階級などの社会的属性が異形選択に与えた影響について調べる前に、まず次のような作業仮説を立てる。

作業仮説：『史記』の言語運用において、『禮記』の規定通り、人が死亡することに関して、天子には［崩］、諸侯には［薨］、大夫には［卒］、士には［不禄］、庶民には［死］という異形がそれぞれ使い分けられる。

　これから、この仮説が成立するかどうか、『史記』の運用実態と『禮記』の運用規範との間に相違があるかないか、あるとしたらどの程度あるのか、身分階級以外にどんな要因が異形選択に関与したのかなどについて検証していく。検証のプロセスは、まず『史記』に現れた〈死亡〉のすべての異形とその延べ出現数を調べ、各異形の形態的、意味的特徴を分析する。そして、古代中国社会の身分制度について概説し、その基本的な身分構造を提示する。さらに、全体像から具体的な文脈条件へと議論の焦点をしぼり、各異形が使われた人数と人物およびその死亡年を特定しながら、その運用にかかわったさまざまな社会的要因などについて考察する。

## 3. 異形の形態と意味の分析

### 3.1 形態
　『史記』の中に、「知死必勇」、「漢馬死者十余萬」などのように不特定人物や動物の死に関する表現が多く含まれているが、ここではこのような表現を考察の対象から外し、特定の人間の死について言及した表現にだけ限定する。そして、古代中国語の文字使用においては、その表記上の特性により、同音異字、同義異字、または同音同義の語に対してその微妙なニュアンスによってあるいは単なる一時的な借用（通假）によって異なる文字形態を使う現象がある。その場合、音声と意味だけを考えると１つの語と認めるべきものが、異なる字形によって２通り以上に表記されることになる。たとえば、『史記』の中の［没］と［殁］、［物］と［歾］はそれぞれ音声言語においては同一語とされるものである。ここでは書記テクストの表記にしたがい、いずれも表記上の異形の一種として併記する（『史記』の原本が残っていないの

で、こういった表記の違いは本来そうだったのか、写本の段階で生じた現象なのかは不明である)。

まず、『史記』に現れた〈死亡〉のすべての異形を抽出する。

〈死亡〉：[卒／死／崩／薨／亡／終／没／故／夭／歿／喪／殞／隕／賷／殊／百歳／没世／物故／寿終／千秋／萬歳／没歯／殉身／萬世／棄捐／下席／棄群臣／填溝壑／天年終／捐館舎／捐賓客／山陵崩／不立朝／宮車晏駕／千秋萬歳／登仙于天／天年下世／天崩地坼]

この語形調査により次のような事実が判明した。

①『史記』の中で、言語変項〈死亡〉に対して、全部で38種類の異形が使われ、その種類は『禮記』の記述(5種類)よりはるかに多い。

②〈死亡〉の異形には、1字語や2字語のような語彙レベルの表現だけでなく、[棄群臣]（臣下たちをすてる）、「不立朝」（朝政を休む）などのような句表現も多く含まれている。

③『禮記』の中で「士」の身分に使うとされる異形[不禄]は、『史記』にはまったく現れていない。ここで『史記』において「士」という身分にあたる者に対して、いったいどんな異形が使われたかという疑問が生じた。この問題については5.4節で検証する。

『史記』は多くの史実に関して周王朝時代の古い文献に基づいたと言われている（韓兆琦1996、宮崎市定1996）。『史記』の記述とその根拠となる文献の1つ『左傳』の記述を照らし合わせると、一部の基本的な事実については宮崎(1996: 88)が言うように「それ（『左傳』）を『史記』が踏襲している」と言えるかもしれないが、言語運用レベルにおいてはけっして『左傳』のことばを『史記』がそのまま写したわけではないようである。たとえば、春秋時代の晋国の毒殺事件について、『左傳・僖公』では「…與犬。犬斃。與小臣。小臣亦斃」（…犬に与えたら犬が死に、お使いの小臣に与えたら小臣も死んだ）と記しているが、『史記・晋世家』では「…與犬、犬死、與小臣、小臣死」となっている。[斃]は以上の語形調査で『史記』にはまった

く使われていないことが分かったので、ここで司馬遷は史実として『左傳』の記述を参考にしても、語彙選択においては自分自身の言語習慣にしたがい、自分の使用語彙のレパートリーに基づいて書き直したことがはっきり分かる。この意味において、38の〈死亡〉異形は司馬遷自身の使用言語として信用することに問題はないだろう。

次に38の異形の文字数（音節数）によって4つのグループに分け、それぞれの延べ使用数を調べる。

表1 『史記』に現れた〈死亡〉異形の延べ使用数

| 一字 | 卒 1107 | 死 1011 | 薨 315 | 崩 234 | 終 10 | 没 10 | 亡 7 | 故 2 | 夭 3 | 殁 1 | 喪 1 | 僨 1 | 隕 1 | 賓 1 | 殊 1 |
|---|---|---|---|---|---|---|---|---|---|---|---|---|---|---|---|
| 二字 | 百歳 5 | 没世 3 | 物故 2 | 寿終 2 | 萬歳 2 | 千秋 1 | 没歯 1 | 殞身 1 | 萬世 1 | 棄捐 1 | 下席 1 | | | | |
| 三字 | 棄群臣 2 | 填溝壑 2 | 天年終 2 | 捐館舎 2 | 捐賓客 1 | 山陵崩 1 | 不立朝 1 | | | | | | | | |
| 四字 | 宮車晏駕 6 | 千秋萬歳 1 | 登仙于天 1 | 天年下世 1 | 天崩地坼 1 | | | | | | | | | | |

表1の調査で、［卒、死、薨、崩］が38の異形の中で、使用頻度が圧倒的に高い表現であることが分かる。使用率がもっとも高いこの4つの異形が全部『禮記』の記述に含まれたので、『禮記』は、［不禄］の疑問をのぞけば、〈死亡〉のさまざまな異形の中でもっとも代表的な表現を規範として定めたことが明らかである。

### 3.2 意味的特徴

38の異形に現れたもっとも顕著な意味的特徴は、［死］以外の異形がすべて多義的な表現で、その「死ぬ」という意味は本来の一次的な意味から派生された2次的な意味または含意に属するということである。たとえば、［崩］はその基本的な意味として「(山が)崩れる」ことを表す動詞で、『史記』に「梁山崩」などの記述があるように、当時その一次的な意味としても使われていた。このことから〈死亡〉の異形としての［崩］は、「山が崩れ

る」というメタファーによって形成した派生的意味であることが容易に想像できる。そして、［棄群臣］、［不立朝］などのような句表現も一種のメタファーで、文字通りにはあくまでも「臣下をすてる」、「朝政を休む」という意味で、「死ぬ」という意味はその二次的含意に属するものである。

　個々の異形表現には、「死ぬ」という意味以外に次のような多義的特徴が見られる。

　①崩れる：［崩、山陵崩］は山が崩れることを、［甍］は山が崩れる場合のような大きな音を、［天崩地坼］は天が崩れ地が裂け落ちることを、それぞれ一次的な意味として表している。いずれもとんだ災難が起きることから「死」に転意したと思われる。

　②落ちる：［隕、賈、償］などは、一次的には星などが空から落ちることを意味するが、天上の星が地上の人間の魂と対応し、星が１つ落ちると地上に人間が１人死ぬという民間信仰から死を意味するようになったと思われる。

　③折れる、中断する：［夭、殊］はある状態が途中で中断する意味から死に転意した。

　④無くなる、消える：［没、没(歾)、歿、故、喪、亡、物故、坳身］などは、無くなる、消える、逃げるなどいずれも視界から遠ざかり見えなくなるという意味から「死」に転意したものである。

　⑤終わる：［卒、終、寿終、天年終］などはある出来事や期間が終了する意味から「死」に転意した。

　⑥長生きする：［百歳、千秋、萬歳、萬世、千秋萬歳］などは文字通りには長くまたは永遠に生き続けることを意味するが、①〜⑤が「死」という生命活動が停止する現象を空間と時間の現象を通して捉えているのに対して、⑥は死を生の持続現象として捉えている。このように表現することは［死］が持つマイナスの意味を和らげる効果を持っている。

　⑦生きた人間の行為：［棄捐(すてる)、下席(皇帝が退席する)、不立朝(朝政を休む)、棄群臣(臣下たちをすてる)、捐館舎(官舎をすてる)、捐賓客(賓客をすてる)、宮車晏駕(御車が遅れる)］などは、いずれも生きた人間の意

志による行為として表現している。これらの表現は、ただ消極的に［死］という表現を避けるのではなく、あたかもその人がまだ生きているかのように表現している。このように表現するのは〈死亡〉という命題的意味を伝えると同時に、最大限に不吉な出来事への連想を避け、死のマイナスイメージを極力軽減する効果がある。

⑧神となる：［登仙于天］は神となって天に昇ることを意味し、神仙思想がはやる漢武帝時代の世相、宗教観を反映している。

⑨土となる：［填溝壑］（溝を埋める）は、死者を、溝を埋める土にたとえ、価値のないもののように表現している。38の異形中唯一マイナスの価値含意を持つ謙譲表現である。

## 4. 社会的階層の分析

『史記』は、先史の五帝時代から漢王朝の武帝時代（BC 2 世紀頃）までの約3千年の歴史を綴ったものである。その間に夏（BC 21 世紀〜 BC 16 世紀）、商（殷、BC 16 世紀〜 BC 1066）、西周（BC 1066 〜 BC 771）、東周（春秋戦国、BC 770 〜 BC 221）、秦（BC 221 〜 BC 206）などの時代が移り変わっている。古代中国の社会構造や官職制度、官職名は各時代によって大きく変化したため、『史記』に現れたさまざまな人物の身分も、正確にはそれぞれの時代や国の身分制度の中で相対的に判断しなければならない。しかし、各時代や地域の身分の対応関係を見るためには統一した基本的枠組みが必要である。『禮記』では、古代中国社会の身分階級を特定の地域や時代を越えて基本的に「天子、諸侯、大夫、士、庶人」の５つのクラスに区分されている。ここでは、古代中国社会における基本的な身分構造に着目し、特定の時代や地域による官職名の変化にとらわれず、〈死亡〉のさまざまな異形が使われた者の身分階級について、「皇帝層、皇族層、諸侯王層、王族層、大臣層、仕官層、庶民層」の７つの層に分けて整理する。「皇族層」と「王族層」以外は基本的に『禮記』の５つの階層に相当するが、「皇族層」と「王族層」を設けたのは、『史記』の中で〈死亡〉の異形が使われた者に５つの階層に

簡単に納まらない皇帝の親族や諸侯王の親族が多く含まれたためである。以下各階層の定義と内容について説明する。

　皇帝層：古代中国の歴代最高支配者を指す。『史記』では最高支配者に対して、先史時代や夏商時代には「帝」、周王朝では「(周)王、天子」、秦、漢王朝では「皇帝、皇、天子」などと時代によって異なる呼び方をしているが、ここでは、漢王朝までの歴代最高支配者をまとめて「皇帝層」とする。

　皇族層：歴代最高支配者（帝、天子、皇帝など）の配偶者や直系親族を指す。皇族でありながら他の官職についている者は〈死亡〉の異形が使われた時の記述内容にしたがう。

　諸侯王層：皇帝層以外に、それぞれ国土と臣民を持つ王の身分の者を指す。これらの人々に対して時代や地域によって「公、王、国君、諸侯王、單于（匈奴王）」などさまざまな呼び方があるが、ここではこれらをまとめて「諸侯王層」と呼ぶ。そして、「諸侯王層」の時代による内訳として、夏商までは「族首」、(西・東)周王朝は「国君」、秦・漢朝は「諸侯王」とそれぞれ区別して記す。（秦は諸侯を封じる制度をやめたので事実上はなかった。）

　王族層：諸侯王層の配偶者や直系親族を指す。皇族層と同様、王族でありながら他の官職についた人は〈死亡〉の異形が使われた時の記述内容にしたがう。

　大臣層：「卿、大夫、相、丞相、御史大夫、相国、宰相」など皇帝や諸侯王を補佐する大臣クラスの上層官僚や「驃騎大将軍」などのような上級将軍、そして漢王朝から「侯」の爵位を授けられた者を指す。「大臣層」の中で皇帝に仕える者と諸侯王層に仕える者との間に身分差が見られるが、諸侯王層に仕える者の大半は周王朝各国の大臣で、皇帝層に仕える者の大半は秦・漢時代の大臣で、それぞれ単純に上下関係をつけることができないので、ここでは「大臣層」として１つにまとめた。

　仕官層：中下層官吏、一般貴族、学者文人を指す。学者文人をこの層に入れたのは、古代中国社会において学者文人は事実上何らかの文官職についたケースが多いからである。

　庶民層：医師、道士、遊侠、勇士、芸人など上の階層に入らない人々を指

す。

## 5. 異形の社会的階層分布

　以下、〈死亡〉の各異形が使われた対象者の人数とその社会的分布状況について調べる。各異形の延べ使用数ではなく、対象者の人数を調べるのは、対象人物が話題に登場する回数による偶然性を排除し、各異形と社会的身分の関係をクローズアップすることができるためである。つまりこの調査では、同一の異形が同一人物に2回以上使われても「1人」と計算し、1人の人物に対して2つ以上の異形が使われた場合には、各異形のところでそれぞれ1人と計算する。たとえば、秦の始皇帝に対して［崩］が延べ13回、［死］が2回、［没］が1回それぞれ使われた場合、［崩］［死］［没］の「皇帝層」にそれぞれ1人と計算する。

　ここでは『史記』の中で延べ使用数が3桁以上現れ、『禮記』にも記述された4つの異形［崩、薨、卒、死］を中心に各異形の社会的階層の分布状況について調べる。

### 5.1 ［崩］

表2　［崩］の社会的階層分布

| 計 | 皇帝層 | 皇族層 | 諸侯層 | 王族層 | 大臣層 | 仕官層 | 庶民層 |
|---|---|---|---|---|---|---|---|
| 89人 | 83(93.3%) | 6(6.7%) | 0 | 0 | 0 | 0 | 0 |
| 内訳 | 帝 周 皇<br>　 王 帝<br>47 29 7 | 皇 太<br>太 上<br>后 皇<br>5 1 | | | | | |

　『史記』における［崩］の使用対象は、表2が示すように89人中83人（93.3%）が皇帝層に集中している。この調査により、『禮記』の「天子曰崩」という記述内容は『史記』における［崩］の運用実態とほぼ一致していることが分かる。そして同時に、この調査で［崩］が皇帝層以外の人物に対しても使われたという6人（6.7%）の例外現象の存在も確認された。この例外現

表3 ［崩］の使用対象

| 先史〜商 | 帝<br>(47人) | 黄帝、瑞項、帝告、尭、舜、禹、啓、太康、中康、相、少康、予、槐、芒、泄、不降、扃、厪、孔甲、皋、發、湯、外丙、中壬、太宗、沃丁、小甲、雍己、中宗、仲丁、外壬、河亶甲、祖乙、祖辛、沃甲、南庚、陽甲、盤庚、小辛、小乙、武丁、祖庚、甲、禀辛、庚丁、太丁、乙 |
|---|---|---|
| 西周〜東周 | 周王<br>(29人) | 文王、武王、成王、穆王、共王、懿王、孝王、夷王、宣王、平王、桓王、庄王、釐王、恵王、襄王、頃王、匡王、定王、簡王、霊王、景王、敬王、元王、考王、威烈王、安王、烈王、顕王、慎靚王 |
| 秦〜漢 | 皇帝<br>(7人) | 秦始皇帝、漢高祖、孝恵帝、孝文帝、孝景帝、孝武帝、孝昭帝 |
| | 皇太后<br>(5人) | 秦始皇帝母太后、漢呂太后、漢竇太后、漢薄太后、漢王太后 |
| | 太上皇<br>(1人) | 漢高祖太上皇 |

象の具体的な条件を見るために、［崩］が使われたすべての人物リストを表3に提示する。

　以上のリストで、［崩］が使われた「皇帝層」（帝、周王、皇帝）以外の人物は、すべて秦と漢の時代、しかも皇帝の父母（太上皇、皇太后）に限られ、時代や親族関係においてはっきり限定されていることが分かる。そして、漢高祖太上皇、秦始皇帝母太后のような初代皇帝の父母も息子が皇帝になってから亡くなった場合には［崩］が使われるという事実が判明した。後ほどにも触れるように、秦始皇帝の父にあたる秦荘襄王は息子が皇帝になる前に亡くなったので［崩］は適用されなかった。

## 5.2　［薨］

表4 ［薨］の社会的階層分布

| 計 | 皇帝層 | 皇族層 | 諸侯王層 | 王族層 | 大臣層 | 仕官層 | 庶民層 |
|---|---|---|---|---|---|---|---|
| 148人 | 0 | 3(2%) | 91(61.5%) | 9(6.1%) | 45(30.4%) | 0 | 0 |
| 内訳 | | 皇太后 皇太子 公主 | 国君 諸侯王 | 王太后 王子 | 侯 相卿 | | |
| | | 1　1　1 | 46　45 | 4　5 | 43　2 | | |

［薨］の階層分布（表4）を見ると、その使用対象は「諸侯王層」を中心に、「皇族層」から「大臣層」までの間に分布し、「皇帝層」と「仕官層」、「庶民層」に対してはまったく使われていないことが分かる。［薨］の使用対象148人中、91人（61.5%）が「諸侯王層」に属することや、「仕官層」以下に使われないことから、その使用領域は［崩］ほど明確ではないが、皇帝に次ぐ高い身分の者に対して使うという意味で、『禮記』における［薨］の位置づけをある程度反映していると言える。

　［薨］が使われた対象者（148人）の中で周朝時代の人物は14ヵ国（宋、齊、晋、鄭、魯、秦、蔡、楚、曹、衛、陳、燕、呉、魏）中の46人の国君と1人の大臣（燕国の相）で、それ以外はすべて秦・漢時代の人物である。［薨］の指示対象には周朝以後の人物にかたよるという時代的特徴が見られる。この特徴は後の［卒］と比較すると一層はっきりしてくる。

## 5.3　［卒］

表5　［卒］の社会的階層分布

| 計 | 皇帝層 | 皇族層 | 諸侯王層 | 王族層 | 大臣層 | 仕官層 | 庶民層 |
|---|---|---|---|---|---|---|---|
| 600人 | 0 | 8(1.3%) | 443(73.8%) | 13(2.2%) | 122(20.3%) | 12(2%) | 2(0.3%) |
| 内訳 | | 皇后 妃 皇太子 | 族首 国君 諸侯王 | 太后 王后 太公妃 親王子 | 侯卿 相 大夫 将軍 | 官吏 学者 | 俳優 道士 |
| | | 1　3　4 | 28　369　46 | 1　7　3　2 | 27　67　17　11 | 8　4 | 1　1 |

　『禮記』では「大夫曰卒」と記しているが、表5の調査では、［卒］はむしろ「諸侯王層」（73.8%）にもっとも集中的に分布している。［卒］は、同じ「諸侯王層」を中心に分布している［薨］と使用領域が大きく重なり、両者の間に『禮記』が記述したようなはっきりした身分差は見られない。表4で［薨］が「仕官層」以下の身分にまったく使われていないのに対して、表5では［卒］が「仕官層」以下の者にも使われている。この意味において、［薨］が［卒］より身分の高い人に使うという『禮記』の位置づけに肯かなくもないが、［卒］の運用全体から見ると、その使用対象の社会的身分において「皇族層」から「庶民層」まで幅広く分布し、時代的にも先史（族首）か

ら漢王朝までをカバーし、〈死亡〉異形の中で丁寧な表現として一般化する傾向が見られる。

　［卒］が丁寧な表現として一般化する傾向について、具体的なケースとして孔子の死への言及を調べてみる。孔子は、52才の時に一時期魯国の官職（委吏、乗田）に勤めた以外は、74才で亡くなるまで、ほとんど学者として古籍整理や教育、遊説に生涯を費やした。その孔子の死について『史記』では18回言及されているが、そのうち［卒］が15回、［没］が2回、［死］が1回それぞれ使われた。司馬遷は『第47巻　孔子世家』の中で孔子の出身について「布衣」（平民）と称した。宮崎（1996: 38）でも指摘されているように、一介の平民出身の学者が『史記』の「世家」編の中で諸侯王や歴代名相などと肩を並べるのは破格の扱いである。司馬遷は『第130巻　太史公自序』の中で孔子を称え、周公と並んで500年に1人しか出ないほどの「至聖」として敬意を表したが、このような人物の死についておもに［卒］が使われたということは、［卒］が［崩］と［薨］に比べて身分制約がゆるく、高く評価する人物を、その身分階層にかかわらず丁寧に遇することができることばであることが明らかである。王力（1985: 148）では、［卒］は東周時代にも大夫だけでなく諸侯にも使われたりすることがあるが、唐代になるとその身分制約がいっそうゆるくなったと指摘しているが、この調査では、漢代において［卒］がすでに身分に直結する絶対敬語の色合いが薄れ丁寧な異形として一般化する傾向がはっきりしていたことが分かる。

　［卒］と［薨］の使用対象の身分が重なる現象はいったい何を意味するのか、それが同一人物に使われたのか、それとも人によってあるいは細かい身分条件によって使い分けられていたのか、これらの問題を検証するために、［卒］と［薨］の両方が使われた周朝の14カ国の国君とその死亡年をすべて調べてみる。表6はその調査結果を示すものである。下線が付いた人物には［卒］と［薨］が両方使われ、波線が付いた人物には［薨］だけが使われ、残り全員は［卒］だけが使われた者である。括弧内は没年、（？）は世代関係は分かるが、具体的な没年が不詳であることを意味する。表6の調査で次のようなことが判明した。

表6 ［卒］［薨］使用の国君リスト

| 時代<br>国 | 西周<br>(BC1066–BC771) | 東周(BC770–BC221) ||
| --- | --- | --- | --- |
| | | 春秋(BC770–BC476) | 戦国(BC475–BC221) |
| 呉国 | 太伯(？)仲擁(？)季簡(？)叔達(？)周章(？)熊遂(？)柯相(？)彊鳩夷(？)余橋疑吾(？)柯慮(？)周繇(？)屈羽(？)夷吾(？) | 禽処(？)轉(？)頗高(？)句卑(？) 去 斉(？) 寿 夢 (BC561)諸樊(BC548)余祭(BC531)余昧(BC526) | |
| 曹国 | 曹叔(？)太伯(？)仲君(？)宮伯(？)孝伯(？)夷 伯(BC835)戴伯(BC796) | 恵伯(BC760)繆公(BC757)桓公(BC702)莊公(BC671)釐公(BC662)昭公(？)共公(BC618)文公(BC595)成公(BC555)武公(BC528)平公(BC524)靖公(BC502)宣公(BC578) | |
| 晋国 | 靖侯(BC841)釐侯(BC823)献侯(BC812)繆侯(BC785) | 文侯(BC746)鄂侯(BC718)武公(BC677)献公(BC651)恵公(BC637)文公(BC628)襄公(BC621)成公(BC600)景公(BC581)悼公(BC558)平公(BC532)昭公(BC526)頃公(BC512) | 定 公(BC475) 哀 公(BC452)烈公(BC389)孝公(BC377) |
| 鄭国 | 鄭伯(？) | 武公(BC744)莊公(BC701)励公(？)文公(BC628)襄公(BC586)悼公(BC585)成公(BC571)釐公(BC566)簡公(BC530)定公(BC517)献公(BC501) | 声 公(BC464) 共 公(BC427) |
| 宋国 | 微子開(？)微仲(？)公稽(？)丁公申(？)湣公(？)励公(？)釐 公(BC831)恵 公(BC800) 哀 公(BC800) | 戴公(BC766)武公(BC748)宣公(BC729)繆公(BC720)莊公(BC669)桓公(BC692)襄公(BC637)成公(BC620)文公(BC589)共公(BC576)平公(BC532)元公(BC517)景公(BC452)昭公(BC404) | 悼 公(BC396) 休 公(BC373)辟公(BC370) |

| | | | |
|---|---|---|---|
| 蔡国 | 仲(？)伯荒(？)宫侯(？)励侯(？)武侯(？)夷侯(？) | 釐侯(BC762)共侯(BC760)戴侯(BC750)宣侯(BC715)桓侯(BC695)繆侯(BC644)莊侯(BC612)平侯(BC522)悼侯(BC519) | 成侯(BC472)声侯(BC457)元侯(BC451) |
| 燕国 | 召公(？)惠侯(BC827)釐侯(BC791) | 頃侯(BC767)哀侯(BC765)鄭侯(BC729)繆侯(BC711)宣侯(BC698)桓侯(BC691)莊公(BC658)襄公(BC618)桓公(BC602)宣公(BC587)昭公(BC574)武公(BC555)文公(BC549)懿公(BC545)平公(BC505)簡公(BC493) | 献公(BC465)孝公(BC450)成公(BC434)滑公(BC403)釐公(BC373)易王(BC321)昭王(BC279)惠王(BC272)悼公(BC259)武成王(BC258)孝王(BC255)共公(BC254) |
| 魯国 | 伯禽(？)考公(？)煬公(？)魏公(？)励公(？)献公(？)真公(BC826) | 孝公(BC769)惠公(BC723)莊公(BC662)釐公(BC627)喜公(BC627)文公(BC609)宣公(BC591)成公(BC573)襄公(BC542)昭公(BC510)定公(BC495) | 哀公(BC468)悼公(BC429)元公(BC470)繆公(BC375)共公(BC355)康公(BC344)景公(BC315)平公(BC295) |
| 衛国 | 康叔(？)康伯(？)考伯(？)嗣伯(？)庫伯(？)靖伯(？)貞伯(？)頃侯(？)釐侯(BC813) | 武公(BC758)莊公(BC735)宣公(BC700)惠公(BC669)戴公(BC659)成公(BC600)繆公(BC589)定公(BC577)献公(BC544)襄公(BC585)靈公(BC493) | 出公(BC468)悼公(BC451)敬公(BC432)慎公(BC373)声公(BC362)成侯(BC333)平侯(BC325)嗣君(BC283)元君(BC230) |
| 齊国 | 太公(？)丁公(？)乙公(？)癸公(？)献公(？)武公(BC825)文公(BC804)成公(BC795) | 莊公(BC731)釐公(BC697)襄王(BC686)桓公(BC643)孝公(BC633)昭公(BC614)惠公(BC599)頃公(BC582)靈公(BC554)景公(BC490) | 平公(BC456)宣公(BC405)侯太公(BC383)康公(BC379)威王(BC320)宣王(BC301) |
| 楚国 | 粥熊子(？)熊摯紅(？)熊渠(？)熊勇(BC838)熊嚴(BC828)熊霜(BC822)熊徇(BC800)熊咢(BC791) | 熊儀(BC764)熊坎(BC758)武王(BC690)文王(BC677)繆王(BC614)莊王(BC590)共王(BC560)康王(BC545)平王(BC516)昭王(BC489) | 惠王(BC432)簡王(BC408)宣王(BC340)懷王(BC296)威王(BC329)頃襄王(BC263)考烈王(BC238) |

| | | | |
|---|---|---|---|
| 陳国 | 胡公(?)申公(?)相公(?)孝公(?)慎公(?)幽公(BC832)釐公(BC796)武公(BC781)夷公(BC778) | 文公(BC745)桓公(BC707)利公(BC700)莊公(BC693)宣公(BC648)繆公(BC632)共公(BC614)<u>成公(BC569)</u>哀公(BC534)恵公(BC506)懷公(BC502) | |
| 魏国 | | | 文侯(BC396)武侯(BC370)恵王(BC319)襄王(BC319)哀王(BC296)<u>昭王(BC277)</u><u>安釐王(BC243)</u>景湣王(228) |
| 秦国 | 秦侯(?)公伯(?) | 襄公(BC766)文公(BC716)寧公(BC704)武公(BC678)德公(BC676)宣公(BC664)<u>繆公(BC621)</u>成公(BC606)康公(BC609)共公(BC604)桓公(BC576)景公(BC537)哀公(BC501)恵公(BC491)悼公(BC477) | 厲共公(BC443)簡公(BC425)霊公(BC415)献公(BC362)<u>孝公(BC338)</u><u>恵王(BC311)</u>武王(BC307)<u>昭王(BC251)</u>孝文王(BC250)莊襄王(BC247) |
| 計 | 86人(内<u>1</u>人) | 153人(内<u>1</u>人、<u>36人</u>) | 72人(内<u>1</u>人 <u>8人</u>) |

①［薨］と［卒］が同一人物に重複して使われる現象がはっきり確認された。［薨］と［卒］は対象の身分がダブるだけではなく、［薨］が使われた国君46人中44人に対して［卒］も使われている。そして個々の表現スタイルや文脈条件などを見ると、その使い分けを動機づけるような社会的または修辞的特徴が見られない。たとえば、

燕王武公の死について、
　「十九(年)武公<u>薨</u>」『史記・十二諸侯年表』(中華書局 1997 p. 638)
　「武公十九年<u>卒</u>、文公立」『史記・燕召公世家』(中華書局 1997 p. 1553)

魏安釐王の死について、
　「其歳，魏安釐王亦<u>薨</u>」『史記・魏公子列傳』(中華書局 1997 p. 2384)

「三十四年，安釐王卒」『史記・魏世家』(中華書局 1997 p. 1863)

［薨］と［卒］は、ある程度任意に選択され、両者の間に一種の自由変異 (free variation) の現象が発生した可能性が高い。この問題について次節でさらに議論する。

② ［卒］が周王朝全体に分布しているのに対して、［薨］はおもに東周の春秋時代以降に分布している姿がはっきり見て取れる。［薨］が使われたもっとも古い人物は西周末期の宋恵公 (BC 800) で、没年不詳の西周前・中期の者には［薨］はまったく使われていない。表6により［薨］の運用には対象者の身分要素だけでなく、時代の新旧要素なども大きく関与したことが一層明らかになった。

## 5.4 ［死］

表7 ［死］の社会的階層分布

| 計 | 皇帝層 | 皇族層 | 諸侯王層 | 王族層 | 大臣層 | 仕官層 | 庶民層 |
|---|---|---|---|---|---|---|---|
| 352人 | 4(1.1%) | 14(3.9%) | 73(20.7%) | 27(7.7%) | 85(24.1%) | 119(33.8%) | 30(8.5%) |
| 内訳 | 帝 皇<br>　　后 | 皇 皇 妃 太<br>太 后　　公<br>后　　　子 | 国 諸<br>君 侯<br>　　王 | 太 王 妃 太<br>后 后　　公<br>　　　　子 | 酋 大 侯<br>長 臣 | 官 領 貴 学<br>吏 袖 族 者 | |
| | 3　1 | 1　1　4　8 | 44　29 | 3　3　1　20 | 1　42　42 | 82　3　17　17 | |

表8 ［死］の庶民層の内訳

| 内訳 | 遊侠 | 勇士 | 医師 | 仕女 | 大夫以下の親族 | その他 |
|---|---|---|---|---|---|---|
| 30人 | 3 | 4 | 2 | 2 | 14 | 5 |

表7では［死］がすべての階層に分布している現象が観察される。［死］と他の異形［崩、薨、卒］との間に単純に身分階級だけで使い分けられたわけではないことがこの調査で分かった。［死］が広範囲に分布していることについて次のようないくつかの要因が考えられる。

① 『禮記』の「士曰不禄」にしたがえば、「仕官層」は［不禄］が使われたはずの領域である。しかし、表7の調査結果を見ると「仕官層」には

［死］がもっとも多く使われた領域（119 人 33.8％）となっている。この現象について次の 2 つの視点から解釈することができる。

　まず、通時的に見て、『禮記』は『禮經』（孔子編、現在散逸）を解説するために書かれた一面があるので、その記述「天子死曰崩、諸侯曰薨、大夫曰卒、士曰不祿、庶人曰死」は周王朝時代の言語習慣に基づいた可能性がある。かつて周王朝においてこのような身分構造と言語表現との対応関係が存在していたとしたら、司馬遷が『史記』を執筆した漢王朝時代になると、その対応関係が大きく崩れ、各異形の間に領域再配分が行なわれ、前節で見たように、［薨］と［卒］の間に対象の時代による差や自由変異が現れると同時に、［死］と［不祿］の間にも領域争いが発生し、その結果、［不祿］が完敗し、［死］が「士」の身分にまで進出しその領域を併合したと見ることができる。［不祿］が［死］に取って代わられた原因について、周王朝が諸侯国の連合体であり、各諸侯国の中で士と庶民の身分がはっきり区別される必要があったが、巨大な統一国家漢王朝の誕生により身分構造が大きく変わり下級の官吏「士」と庶民の区別が目立たなくなり、〈死亡〉の異形によって表現し分ける必要性が薄れたと解釈することができる。『唐書・百官志』において官位の等級が「品」と名付けられ、全部で九段階に分けられているが、その中で官吏の死について「二品以上称薨、五品以上称卒、自六品達於庶人称死」（二品以上の官吏は「薨」、五品以上は「卒」、六品以下から庶民までは「死」と称する）（王 1985: 148）と規定していることから、異形［不祿］の退廃がその後定着したと見ることができる。

　そして、共時的に見て、言語規範は、Wardhaugh. R (1992: 30) が指摘したように、「その言語の使用者が観察された行動と実際に一致するものというよりはむしろ、かれらがあこがれることを要請されているものなのである」（和訳本：41）。『禮記』が示した身分と異形の対応関係についても、それは古代中国語の標準変種「雅言」の社会的規範を示したもので、儒教倫理観に基づく一種の理想化された言語運用モデルと見ることができる。「仕官層」に［死］が使われるという今回の調査結果は、当時の言語運用の理想モデルと言語運用の現実との間のずれを示したものと解釈することができる。

②次に、［崩］が使われるはずの「皇帝層」に［死］が使われた要因について考えよう。［死］が使われた皇帝層の人物は、夏王朝では「桀」、商王朝では「武乙、紂」、秦王朝では「秦始皇帝」の4人である。「桀」と「武乙、紂」には［死］しか使われていないが、秦始皇帝には［崩］も使われている。この4人は歴史上暴君と伝えられた人物であるが、『史記』では「桀、武乙、紂」については民衆を残害し天神を冒涜する邪悪な人間として描かれているが、始皇帝についてはその凶暴な側面と歴史的功績の両面がつづられている。秦始皇帝に対する［死］の使用は2回だけである。1回は隕石にきざまれたことば「始皇帝死而分地」、もう1回はある道士の予言のことば「今主龍死」であるが、2回とも『史記・秦始皇本紀』の中で始皇帝在位当時の人々が彼の死をのろったことばを引用したものである。一方、始皇帝に対する［崩］の使用は13回現れ、いずれも「始皇帝五十年而崩」(『史記・秦本紀』)、「始皇帝至沙丘崩」(『史記・蒙括列伝』)などのように、その死の事実を述べることばである。この4人以外の皇帝層の人物に対して［死］がまったく使われていないことを考えると、「桀、武乙、紂」に対する［死］の使用は明らかに司馬遷の評価的、待遇的態度に基づいたもので、秦始皇帝に対する［死］の使用は、他者のことばを引用するという間接的なものではあるが、ある程度司馬遷が当時の人々が始皇帝に対する憎悪の態度を異形［死］が持つ待遇的効果を通して反映させたと見ることができる。

唐代の孔穎達(7世紀)は、『禮記正義』において『禮記』の記述「天子死曰崩…庶人曰死」について、「諸侯卑死不得効崩之形」(諸侯は天子より身分が卑しいので天子と同じように「崩」を使うことはできない)、「大夫是有徳之位…故曰卒也」(大夫は徳がある立場なので…「卒」と言う)、「庶人極賤…故曰死」(庶民はもっとも卑賤な身分なので…「死」と言う)(上海古籍出版社 1990: 98)などと注釈し、異形の使い分けを対象者の尊卑・貴賤や徳の有無などの倫理性に関連づけて解釈している。しかし、「桀、武乙、紂」などのように高い身分を有しながら徳が備わらず民に尊ばれない者がいれば、身分と倫理的評価との間に一種の矛盾が生じてくる。『史記』の運用実態を見ると、このような場合、司馬遷は身分という単一要素による機械的な適用

をせず、その人が身分相応の徳や民心を得ていたかどうかという倫理評価の基準を優先させたことが明らかである。このような言語運用法は当時一般の、あるいは司馬遷自身の歴史観、価値観に影響されたもので、孔子がかつて魯国の歴史を編纂した時に使った「春秋筆法」と言われる対人評価法にあい通じるものである。

③［死］が幅広く分布しているもう1つの原因は、［死］は3.2節の意味分析で指摘したように38の異形の中で唯一、死を派生的な意味としてではなく、1次的な意味として表す表現であり、「庶人」という身分属性を指標するだけでなく、〈死亡〉変項の基本形であることと深く関係している。［死］が暴君に対して使われる事実と、「天子死曰崩」の中の［死］の使い方のように不特定の人物や動物などに対して使われるという事実とを合わせて考えると、［死］が各異形の中でもっとも基本的な表現で、異形選択の社会的身分条件などが機能しない場合には［死］という基本形にもどるという言語運用上のダイナミックな一面が見えてくる。

④［死］が幅広く分布している4つ目の要因は［死］と［卒］、［薨］の間に起きた自由変異という現象にある。自由変異とは、ある目的によって使い分けられず、特別な意義を持たない無規則な変異現象のことを言う(Wardhaugh 1992: 138、Spolsky, B 1998: 122)。つまり、同一文脈において同一言語変項に属する複数の異形がどちらも可能な選択肢として現れうる場合

表9 ［死］と［薨］［卒］の自由変異

|   | ［死］と［卒］ | ［死］と［薨］ | ［死］と［薨］と［卒］ |
|---|---|---|---|
| 春秋 | 秦襄公(BC766)、秦文公(BC716)、秦惠王(BC491)、秦武王(BC307)／齊獻公(BC771BC)、齊莊公(BC731)、齊桓公(BC643)、齊景公(BC490)／陳懷公(BC502) | | |
| 戦国 | 燕昭王(BC279)／楚平王(BC516)、楚懷王(BC296)／晉哀公(BC452)／宋襄公(BC637)／呉王諸樊(BC548)、呉余祭(BC526) | | 秦莊襄王(BC247) |
| 漢 | 膠東康王(BC121) | 梁懷王(BC168) | |

の変異現象のことを言う。その現象を確かめるために、［死］と［薨］［卒］が重なって使われた「諸侯王層」の人物とその死亡年を調べてみる。表9はその結果である。

　二重使用の現象は［卒］と［死］の間にもっとも顕著に見られる。このような変異に規則性があるかどうかを検証するために、同一人物に複数異形が使われた場合の文脈条件を見てみよう。以下は［薨］［卒］［死］が使われた秦莊襄王(秦始皇帝の父)についての記述例(全4例)である。

- 莊襄王即位三年，薨，太子政爲王。『史記・呂不韋列傳』(中華書局1997 p. 2509)
- 十六年，秦莊襄王卒，秦王趙政立。『史記・楚世家』(中華書局1997 p. 1736)
- 五月丙午，襄王卒，子政立。『史記・秦本紀』(中華書局1997 p. 220)
- 年十三歲，莊襄王死，政代立爲秦王。『史記・秦始皇本紀』(中華書局1997 p. 223)

　以上の用例をみると、［薨］［卒］［死］は秦莊襄王という同一人物に対してほとんどまったく同じ文脈の中で使われていることが分かる。この変異現象について、社会的または文体的、修辞的に解釈することはほとんど無理である。前節表6で見られる［卒］と［薨］の二重使用を含めて、〈死亡〉の各異形の間に真の意味での自由変異が存在することは明らかである。もちろん、自由変異とは言っても、完全に無制限、無条件に自由というわけではない。ここではさらに自由変異を「体系的、組織的なもの」と「個別的、偶発的なもの」とに分けることができる。表6に見られる［薨］と［卒］の間の自由変異と、表9に見られる［死］と［卒］の間の自由変異はいずれも東周時代（BC 770～BC 221）の国君に集中して現れている。これは司馬遷の時代において、［薨］と［卒］の社会的意味や指示対象領域があいまいになり、5、6百年前の人物に対する司馬遷の対人評価の意識がゆれた結果と見ることができる。一方、秦の莊襄王や漢の膠東康王、梁懷王のように限ら

れた指示対象にのみ現れた自由変異現象は組織的なものよりも個別的、偶発的なものと見ることができる。

『禮記』では「庶人曰死」と言っているが、『史記』の中で［死］が使用された庶民層の数はそれほど多くない。これは、『史記』の中で一般庶民の死についての話題そのものが少ないことによるものである。表8を見ると分かるように、実際「庶民層」の中には、「遊俠」「勇士」「医師」など比較的地位や人気のある者が大半を占め、まったく無名な一般庶民はほとんど現れていない。しかし、［死］が『史記』の中で動物に対しても使われ、4つの異形の中で評価値がもっとも低い表現であるということから、それが当時一般庶民に対しても使われていたことは容易に想像できる。

## 5.5　その他の異形

〈死亡〉変項の中で、以上考察した4つの異形［崩、薨、卒、死］以外の異形と社会的身分との関係をまとめると、次ページの表10のようになる。表1ではすべての異形の中で、延べ使用数において4異形が圧倒的に多いが、表10では、使用対象人数においてもその他の異形は4異形（［卒］600人、［死］352人、［薨］148人、［崩］89人）に比べてはるかに少ない。そのため、ここで分析の視点をやや広げ別の角度から他の異形の運用上の特徴を探ってみたい。ある人物の死について、確定の事実として記述する場合とその人の死を仮定して言う場合とが考えられる。そして、異形が地の文に使われた場合と会話文に使われた場合とを区別することができる。表10では、その他の34の異形と社会的階層との関係を示すと同時に、「もし亡くなれば」という仮定表現としてのみ使われた異形には▲印を、会話文にのみ使われた異形には●印をそれぞれつける。

表10の調査により、〈死亡〉異形の中で2字以上の熟語や句表現のほとんどが会話文に現れ、仮定表現として使われたことが明らかである。

その他の異形が使われた対象者の数が少ないため、異形と身分の関連性についてはっきりした傾向として語ることはむずかしいが、ここでは注目すべき点を2つあげておきたい。

表10　その他の異形の社会的階層分布（▲仮定文、●会話文）

| 身分<br>異形(人数) | 皇帝層 | 皇族層 | 諸侯層 | 王族層 | 大臣層 | 仕官層 | 庶民層 | 身分<br>異形(人数) | 皇帝層 | 皇族層 | 諸侯層 | 王族層 | 大臣層 | 仕官層 | 庶民層 |
|---|---|---|---|---|---|---|---|---|---|---|---|---|---|---|---|
| 終(8) | 1 |  | 2 |  | 1 | 3 | 1 | 没齒(1) | 1 |  |  |  |  |  |  |
| 没(5) | 1 | 1 | 1 |  | 1 | 1 |  | 歾身(1) |  |  |  |  | 1 |  |  |
| 亡(3) |  |  | 3 |  |  |  |  | ▲●萬世(1) | 1 |  |  |  |  |  |  |
| 故(5) |  | 4 | 1 |  |  |  |  | 棄捐(1) |  |  |  |  |  | 1 |  |
| 夭(3) |  |  | 2 |  |  | 1 |  | ●下席(1) | 1 |  |  |  |  |  |  |
| 歿(1) |  |  |  |  | 1 |  |  | ▲●棄群臣(1) | 1 |  |  |  |  |  |  |
| 喪(1) |  |  | 1 |  |  |  |  | ▲●填溝壑(2) |  |  |  |  | 1 | 1 |  |
| 僨(1) |  |  |  |  | 1 |  |  | ●天年終(2) |  |  |  |  |  |  | 2 |
| 隕(1) |  |  | 1 |  |  |  |  | ▲●捐館舎(2) |  |  |  |  | 2 |  |  |
| 實(1) | 1 |  |  |  |  |  |  | ▲●捐賓客(1) |  |  |  | 1 |  |  |  |
| 殊(1) |  |  | 1 |  |  |  |  | ▲●山陵崩(1) |  | 1 |  |  |  |  |  |
| ▲●百歳(2) | 1 | 1 |  |  |  |  |  | ▲●不立朝(1) |  |  |  | 1 |  |  |  |
| 没世(2) |  |  | 1 |  |  | 1 |  | ▲●宮車晏駕(4) | 3 |  | 1 |  |  |  |  |
| 物故(1) |  |  |  |  | 1 |  |  | ▲●千秋萬歳(1) | 1 |  |  |  |  |  |  |
| 寿終(2) |  |  |  |  | 2 |  |  | 登仙于天(1) | 1 |  |  |  |  |  |  |
| ▲　萬歳(2) | 2 |  |  |  |  |  |  | ●天年下世(1) |  |  |  |  |  |  | 1 |
| ▲　千秋(1) | 1 |  |  |  |  |  |  | ●天崩地坼(1) | 1 |  |  |  |  |  |  |

①『史記』の『列傳2・第79巻　範雎蔡澤列傳』の中で、戦国時代の秦国の官吏王稽が秦の大臣(丞相)範雎に対して次のようなことを言った。

「事有不可知者三、有不可奈何者亦三。宮車一日晏駕、是事之不可知者一也。君卒然捐館舎、是事之不可知者二也。使臣卒然填溝壑、是事之不可知者三也」(事物には知ることの出来ない事柄が3つあり、どうすることも出来ない事柄もまた3つあります。天子がある日崩御される(原意：御車がある日突然遅れて越される)かもしれぬこと。これが知ることの出来ない事柄の1です。あなたが急に亡くなられる(原意：あなたが急に館舎をすてる)かもしれぬこと。これが知ることの出来ない事柄の2です。私が突然息はてる(原意：溝を埋める)かもしれぬこと。これが知ることの出来ない事柄の3です。)(明治書院本『史記』通釈：183、原意は筆者による)

この発話の中で指示対象の身分階級(国君、大臣、官吏(＝話者自身))と〈死〉の異形[宮車晏駕、捐館舎、填溝壑]がはっきり対応している。これは当時の会話スタイルにおいても異形が使い分けられ、その社会的意味の違いがはっきり認識されていたことを示している。

②[百歳、千秋、萬歳、萬世、千秋萬歳]の中で、[百歳]は漢の皇太后(呂太后)(3回)と漢の皇帝(景帝)(1回)が、[千秋](1回)と[千秋萬歳](1回)は漢景帝がそれぞれ自分の死について仮定表現として使ったが、[萬世](1回)と[萬歳](2回)は漢の諸侯王が皇帝の死を仮定する時に使った。それを見ると、自分の死に言及する時、皇帝は[百歳][千秋][萬歳]のどちらも使うが、太后は[百歳]だけを使い、他者が皇帝の死に言及する時には[萬世][萬歳]だけを使うことが分かり、数詞[百(歳)]、[千(秋)]、[萬(世、歳)]の間に微妙な待遇差が感じられる。

その他の異形の調査結果を通して、〈死亡〉変項が持つ豊かな表現バリエーションの存在が明らかになると同時に、[崩][薨]などのような語義的に定着したいわゆる死んだメタファー以外に、[百歳][宮車晏駕]などのような死の意味が明示されない、生きたメタファーの存在が確認され、2千年前の口語表現の興味深い一面をかいま見ることができた。残念ながら、データが分析に耐え得るほど十分な量が出ていないので、表10についてこれ以上議論することを控えたい。

## 6. まとめ

これまでは〈死亡〉の各異形を中心に、それぞれ使われた対象者の社会的階層と人数および割合について分析してきたが、最後に、各身分を中心に、各異形が使われた人数とその割合を表11のように示す。各階層にもっとも多く使われた異形は網かけで示す。

表11の調査結果と『史記』の運用実態に関するこれまでの考察を通して、『禮記』の記述内容、すなわち本章の作業仮説に対する検証結果を以下のようにまとめることができる。

表11　各階層における異形使用の分布

| 階層 | 総人数 | 崩 | 薨 | 卒 | 死 | その他 |
|---|---|---|---|---|---|---|
| 皇帝層 | 104人 | 83(79.8%) | 0 | 0 | 4(3.9%) | 17(16.3%) |
| 皇族層 | 36人 | 6(16.7%) | 3(8.3%) | 8(22.2%) | 14(38.9%) | 5(13.9%) |
| 諸侯王層 | 621人 | 0 | 91(14.7%) | 443(71.3%) | 73(11.8%) | 14(2.3%) |
| 王族層 | 49人 | 0 | 9(18.4%) | 13(26.5%) | 27(55.1%) | 0 |
| 大臣層 | 263人 | 0 | 45(17.1%) | 122(46.4%) | 85(32.3%) | 11(4.2%) |
| 仕官層 | 139人 | 0 | 0 | 12(8.6%) | 119(85.6%) | 8(5.8%) |
| 庶民層 | 36人 | 0 | 0 | 2(8.6%) | 30(83.3%) | 4(11.1%) |

　①『史記』において、『禮記』が規定した５つの〈死亡〉異形と身分との間に次のような関係が確認された。
　「天子死曰崩」について。［崩］は、「皇帝層」(＝天子)と「皇族層」の中の「太上皇、皇太后」に対して使われている。そして、「皇帝層」であっても倫理上欠陥があると判断された者には［崩］の使用が回避されている。したがって、「皇帝層」は、異形［崩］が選択されるもっとも重要な条件ではあるが、必要十分条件ではないことが分かる。しかし、［崩］の対象者の中で「皇帝層」が占める割合は93.3％（表2）に、「皇帝層」の中で［崩］が使われる割合は79.8％（表11）にそれぞれのぼり、『史記』の運用実態と『禮記』の規範は、100％ではないが、きわめて高い確率で一致していることが検証された。
　「諸侯曰薨」について。［薨］は、表4が示したようにおもに「諸侯王層」(＝諸侯)と「大臣層」の間に使われ、「仕官層」以下にはまったく使われていない。この意味で「天子」に次ぐ高い身分の者に使われるという『禮記』の位置づけが支持されることになる。しかし、表11で「諸侯王層」と「大臣層」に使われた異形の中で、［薨］が現れる割合はそれぞれ14.6％と17.2％しかなく、［薨］が「諸侯王層」にもっとも多く使われた異形ではないことが明らかとなった。そして、［薨］は身分制限だけでなく、表6が示すように、おもに紀元前7世紀以後の人物に使われるという時代的制約も受けている。

「大夫曰卒」について。［卒］は、「皇帝層」以外のすべての身分に使われたが、表11では［卒］が「諸侯王層」に使われる割合は71.3％、「大臣層」（＝大夫）に使われる割合は46.4％なので、むしろ「大夫」より上の階層「諸侯王層」を中心に分布していることが分かる。しかし、［卒］はその使用範囲が『禮記』の規定よりずっと幅広く、身分に直結する絶対敬語的な要素よりも、5.3節の孔子の例で見たように、〈死亡〉の丁寧な異形として一般化する傾向が見られる。

「士曰不禄」について。［不禄］は「仕官層」（＝士）のみならず他の身分の者に対してもまったく使われていない。その原因について5.4節で説明したが、この点において『禮記』の規定した身分と異形の対応関係はまったく検証されなかった。

「庶人曰死」について。［死］はすべての身分に分布しているので、その使用は身分という単一条件によるものではないことが明らかである。しかし、表11で［死］は『禮記』において［不禄］が使われるとされる「仕官層」の中では85.6％、「庶民層」（＝庶人）の中では83.3％という高い割合で現れているので、身分階層の中でもっとも社会的地位の低い者に使われるという意味で、『禮記』の位置づけがおおかた支持されたと見ることができる。

②『禮記』が規定した〈死亡〉の異形と身分の対応関係は、成立するかしないかという二者択一の関係ではなく、100％～0％の間に分布する確率的な関係であることが明らかになった。

③異形選択に関する「社会的変異」と「自由変異」の違いがはっきり浮かび上がってきた。各異形の運用は、常に［崩］と［死］の間のようにすべて鮮明な境界を持ち、社会的関数に基いて説明できるわけではなく、時には［薨］と［卒］、［卒］と［死］の間のように不安定領域が存在し、自由変異が発生したりする。そして、社会的変異には身分階層、倫理性、時代などの関数要素が深くかかわり、自由変異の中には組織的なものと偶発的なものが存在することが明らかになった。

④本章では、『禮記』に記された〈死亡〉の異形と社会的階層との対応関係について、『史記』言語運用の実態を通して検証してきたが、われわれ

は、かつて考証学者たちがしたように他のテクストに基づいて『禮記』の記述の正誤を議論したりはしない。なぜなら、規範はある種の理想像であり、ことばの運用が乱れた現実を正そうという認識で作られたもので、最初から現実と一致していることを主張するものではなかったからである。しかし、われわれは古代言語の規範を規範として、実態を実態として正確に把握することは必要である。今回、われわれは、社会言語学の視点を導入することにより、これまで闇に包まれた古代中国語の言語運用の一面を明らかにし、ことばの実態と規範、現実と理想の違いを実証的に示すことができた。

　最後に、『史記』の版本が雑多で、各版本の間に多くの違いが見られる。しかし、筆者が参考文献にある複数版本を確認した限りでは、各版本の間に内容欠落による統計上の相違はあるものの、本研究の結論をくつがえすほどの差がないことを、ここに一言付して本章を締めたいと思う。

**用例出典**
司馬遷［漢］前1世紀『史記』(中華書局 1997)
司馬遷［漢］前1世紀『史記』(明治書院 1973)

# 第 2 章　古代中国語における呼称の社会的変異
── 『禮記』言語規範の研究

## 1. はじめに

　古代中国語において人称代名詞は待遇値のきわめて低い表現である。対人言語行動の中で、人称代名詞を使うことは多くの場合失礼とみなされる。孟子 (BC372 〜 BC289) はかつて「人能充無受爾汝之實，無所往而不爲義也」(人から「爾、汝 (なんじ)」などと呼ばれないように行動すれば、必ず何を行なっても義にかなうようになる) (『孟子・盡心篇』)[1] と指摘した。ところが、古代中国語において、人称代名詞が待遇的に未発達なのに対して、呼称名詞による待遇表現はたいへん豊富である。孔子 (BC551 〜 BC479) は『論語・季氏』において公侯夫人の呼称について次のように述べている。「邦君之妻，君称之曰夫人，夫人自称曰小童，邦人称之曰君夫人，称諸異邦曰寡小君。異邦人称之亦曰君夫人也」(国君の妻のことを、君が呼ばれるときには「夫人」といい、夫人が自分で君に対しては「小童」という。自国の人は国内では「君夫人」と呼び、外国に向かっていうときには「寡小君」と称する。外国の人がいうときには自国民と同様に「君夫人」と呼ぶ)。同一人物を指すのに、発話参与者間の相対的な身分関係や発話場面などに応じてさまざまな異形表現が使い分けられていたことがはっきり示されている。
　しかし、古代中国語の呼称敬語について、これまでその基本的な枠組みや一般的な傾向に関する概説はあるものの[2]、特定の時代やテクストを対象とする調査研究が少なく、呼称の社会的属性やコンテクスト条件およびその待遇機能などについて、まだ多くの謎が解明されていない。

今回の研究対象は『禮記』というテクストに限定する。『禮記』は、紀元前1世紀ごろ漢王朝時代の学者戴聖によって編著され、周王朝（BC 11〜BC 3世紀）を中心とする古代中国社会の倫理規範についてまとめたもっとも代表的な経典の1つである。『禮記』には言語行動や言語表現に関する規定が多く含まれ、どういう身分の人がどんな場面で、だれに対して、どのような表現を使うべきかなどについて細かく記されている。『禮記』は孔子が書いたとされる『禮經』(現在散逸)に対する解説書であり、その形成過程がかなり複雑なため、内容的にも時代的にも必ずしも均質なものとは言えない。しかし、テクスト言語学の立場から見ると、その形成の過程や編著の意図などがどうであれ、それが漢王朝において編著された時点で1つのテクストとして完成した以上、それを1つのまとまった言語データとして扱う必要がある。そして、社会言語学の立場から見て、それは一個人が創作したような書物ではなくさまざまな文献から幅広く採集したものだからこそ、当時の社会の言語意識を反映し、倫理規範として大きな役割を果たせたと言うことができる。われわれは『禮記』というテクストに記述された内容の分析を通して、古代中国における言語と社会の関係、対人言語行動の社会的制約および当時の言語規範意識の一端を明らかにしたい。

　本章は、『禮記』における呼称表現の規定に焦点をしぼる。ここでは、発話参与者の社会的属性やコンテクスト条件に基づく呼称表現を総じて「呼称の社会的変異」と呼ぶ。そして、話者（および話者領域に属する者）を指す「自称詞」と話者（およびその領域）以外の人物を指す「他称詞」をある抽象度を持つ2つの語彙「変項」(variable)とみなし、1つの語彙変項に属するさまざまな表現形態を「異形」(variant)と呼ぶ。言語変項は一種の「依存変項」(dependent variable)であり、その異形の選択はさまざまな社会的関数条件（たとえば、社会階層、年齢、性別、場面、民族性、宗教観、価値観など）に依存する。本研究は、まず『禮記』の中から呼称に関するすべての項目を抽出し、複数異形の選択にかかわった社会的要因によって「身分・階層による社会的変異」と「場面・状況による社会的変異」という2つの部門に分け、各異形表現の特徴およびその社会的属性、コンテクスト条件などについ

て分析し、そして、呼称の変異現象と当時社会の文化的背景との関係について考察する。

この研究によって明らかになったことについて、結論を先取って大きく次の5点を上げることができる。

①『禮記』は、古代中国語の呼称表現の待遇機能について、倫理上礼にかなうとされるさまざまな言語表現およびその語用論的、社会言語学的コンテクスト条件を通して具体的かつ細かく規定している。

②『禮記』の呼称規定は、おもに士大夫以上の話者を対象としたもので、古代中国語の社会方言（social dialect）の一形態—上層変種を反映したものと言える。

③『禮記』の範例において、天子、諸侯、大夫、士など話者や指示対象の身分によってさまざまな待遇的示差機能を持つ呼称異形が使分けられている。

④『禮記』呼称規定の異形選択に影響を与えた社会的身分属性には、官職・爵位などに基づくヒエラルキー階層と天子国を中心とする諸侯国間のステータス順位という二重構造が存在する。

⑤『禮記』の呼称規定は当時の言語規範意識を反映し、当時の言語規範意識は古代礼治社会の文化的背景（儒教倫理観、陰陽世界観）によって動機付けられている。

## 2. 身分・階級による社会的変異

『禮記』では話者（およびその領域に属する者）とそれ以外の人への呼称について細かく規定している。これらの規定の中で話者以外の者に関しては、その身分情報を具体的に記しているが、その人が聞き手の立場にいるかどうかについてはとくに区別していない。『禮記』に示された用例は実例ではなく、当時の言語規範意識に基づいて作られた範例のため、示された文脈以外に指示対象が実際だれでその場にいたかどうかなどを特定することはできない。したがってここでは、『禮記』の枠組みに従い、明らかに話題人物とし

ての第3者に言及する場合と、聞き手が同時に話題人物になる場合とをまとめて「他称」とする。『禮記』には、発話参与者の身分・階級による呼称変異の規定は、全部で64例現れたが、そのうち「自称」に関する規定は50例、「他称」に関する規定は14例である。

## 2.1 自称

　自称詞の中でさらに話者本人の身分と対者の身分による自称変異と、話者の家柄(主人、父親)の身分と対者の身分による自称変異の2つの場合に分けることができる。

### 2.1.1 話者と対者との身分による自称変異

　話者と対者の身分による自称変異に関する規定は全部で22例あるが、まず、古代身分社会の頂点に立つ天子の自称について見てみよう。

（1）　凡自稱，天子曰予一人。『禮記・玉藻・13』p. 483 [3]
　　　（自称について、天子は「予一人」という）

　「予」は一人称代名詞である。(1)は『禮記』自称規定(2.1節と3.1節をあわせて57例)のうち唯一代名詞を使ったものである。「予」について王力(1958: 275)では二人称「汝」と同じく相手にとってぞんざいな表現だと指摘し、程邦雄(1997)の調査によれば『論語』において孔子が弟子に対して自分のことを「予」と言うことはあるが、弟子が孔子に対して自分のことを「予」と言わず、名前や「我，吾」を使う。つまり一般的に「予」が目上に対して失礼な自称表現と言える。天子には身分上の目上または同等者がいないので、天子が自称詞として「予」を使うことはある意味で理にかなうことである。そして「予一人」について、清代の注疏家孫希旦(1989: 126)は一種の謙譲表現と注釈している。「予一人」に謙譲的な意味がどれほど含まれるかについては議論する余地があるが、「予」に「一人」を後置したことにより、特定の社会的身分属性が、自称詞のコンテクスト情報として付加され

たことは確かである。天子の自称詞「予一人」が対者の身分による複数の異形を持たず、しかも天子以外の人が使えないということを考えると、秦始皇帝以後に使われた皇帝専用の自称詞「朕」と同じく、一種の自敬表現、絶対敬語として機能したと考えられる[4]。

次にさまざまな身分の者が天子(または天子を代理する朝廷役人)に対して使う自称表現を見てみる。

（２）（五官之長）伯曰天子之力臣。『禮記・玉藻・13』p. 483
   ((諸侯の統率者)伯は(天子に対して)「天子の力臣」という)
（３）諸侯見天子, 曰臣某侯某。『禮記・曲禮下・2』p. 68
   (諸侯が天子にまみえるときは「臣なにがし、侯某」と称する)
（４）諸侯之於天子曰某土之守臣某。『禮記・玉藻・13』p. 483
   (諸侯は天子に対しては、某の地の守臣某と称する)
（５）（諸侯）其在邊邑, 曰某屏之臣某。『禮記・玉藻・13』p. 483
   ((九州の外の)辺地の諸侯は、(天子に対して)某の屏臣某と称する)
（６）列國之大夫, 入天子之國…、自稱曰陪臣某。『禮記・曲禮下・2』p. 69
   (列国の大夫、天子の国に入ると、…みずから「陪臣某」と称する)
（７）庶方小侯, 入天子之國曰某人。『禮記・曲禮下・2』p. 67
   (東夷、北狄、西戎、南蛮の小諸侯は、天子の国に参った節は「どこそこの人」と称する)
（８）（公侯）夫人自稱於天子曰老婦。『禮記・曲禮下・2』p. 69
   (公侯夫人は天子に対し「老婦」と称する)

(2)〜(8)は、異なる身分の者が天子(または朝廷役人)に対して使う自称規定である。自称詞の異形選択に影響を与えた話者の社会的属性を見ると、伯、諸侯、大夫のような基本的な身分要素だけでなく、(3)(4)(5)(7)のように天子国に近い九州以内の諸侯かそれ以外の一般諸侯かまたは周辺小国の侯かなどの地域差、国の大きさの要因もかかわっていることが分かる。伯、列国の諸侯、列国の大夫は天子に対して「力臣、守臣、某屏之臣、陪臣」な

どと自称し、自分のことについて基本的に「〜臣」を使う。『禮記』の中で天子に対して「〜臣」と自称しないのは、周辺小国の侯と公侯夫人だけである。このことは、「〜臣」は基本的に天子に対する臣下たちの謙譲的自称詞であるが、地位の低い者や女性には適用されないことを示唆している。

「老」ということばは古代中国語において基本的に「高齢」「特定の身分」「尊称」という3つの意味で使われるが[5]、(8)の中で公侯夫人が天子に対して使う自称詞「老婦」の「老」は高齢を意味するものと解釈される。

次に天子以外の身分のもの同士の自称規定を見てみよう。

(9) (伯)自稱於諸侯曰天子之老。『禮記・曲禮下・2』p. 66
　　((伯は)諸侯に対して「天子の老」と自称する)

諸侯の統率者である伯は諸侯に対して自分のことを「天子之老」と呼ぶが、ここでの「老」は側近の家臣という特定の身分として解釈される。ここで「老」が使われたことには、貴族長老がこの職を務めるという古代氏族社会の習慣が反映されたと考えられる。

(10) (諸侯)其於敵以下，曰寡人。『禮記・玉藻・13』p. 483
　　((諸侯は)、匹敵する相手もしくは目下に対して「寡人」と言う)
(11) (諸侯)與其民言，自稱寡人。『禮記・曲禮下・2』p. 68
　　(諸侯はその民に物を言うときは「寡人」と称する)
(12) 小國之君曰孤。『禮記・玉藻・13』p. 483
　　(小国の君は「孤」と称する)
(13) (諸方小侯)自稱曰孤。『禮記・曲禮下・2』p. 67
　　((周辺小侯は)「孤」と自称する)
(14) (東夷、北狄、西戎、南蠻)於内自稱曰不穀，於外自稱曰王老。『禮記・曲禮下・2』p. 67
　　((周辺国の諸侯は)国内では自分を「不穀」と称し、外国へいったら自分を「王老」と称する)

(10)～(14)は諸侯が同等者またはそれより身分の低い者に対する自称規定である。諸侯が使う自称詞「寡人、孤、不穀」は字義的には「ひとりもの、みなしご、ふしあわせ者」という意味を表し、いずれもマイナスの価値含意を持つ表現である。これらの表現は自己に対するマイナス評価のため一種の謙譲表現として機能する。老子(前4世紀)は自称詞の待遇機能について次のように説明している。「貴以賤為本、高以下為基、是以侯王自謂孤、寡、不穀」(貴い身分は賤しい身分を基本とし、高い地位は低い地位を基礎として(その上に)立つということから、(高貴な)諸侯や王者は、自分のことを「孤(みなしご)」、「寡(ひとりもの)」、「不穀(ふしあわせ者)」などの(下賤な)名で呼ぶのである)(『老子・下篇』)[6]。老子のこの指摘は、「寡人、孤、不穀」が周王朝時代においてすでに謙譲表現として意識されていたことを物語る。(10)～(14)で明らかなように、自称詞「寡人、孤、不穀」の使用は話者が身分の高い諸侯層で、対者が諸侯層およびその以下の者であるという発話参与者の社会的身分属性によって制約されている。つまり「寡人、孤、不穀」の話者身分に関して、『禮記』の規定と『老子』の記述が基本的に一致していると言える。しかし『禮記』の中では、天子がこれらの自称詞を使わないということから、異形選択の条件に関して「貴い身分は賤しい身分を基本とする」という老子の理由づけは必ずしも的をえた指摘とは言えない。「寡人」は諸侯が同等者以下の者に対して使う自称詞で、「孤」は小国の君が使う自称詞という(10)～(13)の記述内容を見ると、「寡人」と「孤」の間に待遇差が存在し、そして(14)を含めて考えると、「寡人」、「孤」、「不穀」の間には、話者の国の大きさの外に天子国との距離的関係などの要因がかかわっていることが分かる。

(15) （列國之大夫）於其國曰寡君之老。『禮記・曲禮下・2』p. 69
((列国の大夫は)本国では「寡君の老」と称する)

(16) 上大夫曰下臣。『禮記・玉藻・13』p. 483
(上大夫は(他国の諸侯に対して)「下臣」と自称する)

(17) 下大夫自名。『禮記・玉藻・13』p. 483

(下大夫は(他国の諸侯に対して)わが名をいう)

(15)の列国大夫の自称「寡君之老」における「老」は、(9)の伯が使う「天子之老」の「老」と同じく、側近の家臣を意味する。(16)(17)では、同じ聞き手(他国の諸侯)に対して上大夫は「下臣」と自称し、下大夫は本名を言い、身分によって自称表現を使い分けるように規定されている。

(18) 士曰傳遽之臣。『禮記・玉藻・13』p. 483
　　(一般の士は、(君主には)「伝遽の臣(走り使いの臣)」と称する)
(19) (士)於大夫曰外私。『禮記・玉藻・13』p. 483
　　((士は他国の)大夫には「外私(私交を賜った外国の者)」と自称する)

士の自称に関する規定は、相手が自国の君主と外国の大夫の場合だけであるが、自国の君主に対してははっきりした上下関係を示す表現「傳遽之臣」(使い走りの臣)が使われている。

(20) (公侯夫人)自稱於諸侯曰寡小君，自稱於其君曰小童。『禮記・曲禮下・2』p. 69
　　((公侯夫人は)他の諸侯に対して「寡小君」と称し、その(夫たる)君に対しては「小童」と称する)
(21) 自世婦以下自稱婢子。『禮記・曲禮下・2』p. 69
　　(また世婦以下の女たちは自分を「婢子(はしため)」と称する)

(20)は公侯夫人の自称が聞き手の身分や自他国の立場に応じて変異するという点において、『論語・季氏』の記述「邦君之妻、君稱之曰夫人、夫人自稱曰小童、邦人稱之曰君夫人、稱諸異邦曰寡小君、異邦人稱之亦曰君夫人也」(君主の妻のことを、君が呼ばれるときには「夫人」といい、夫人が自分で君に対しては「小童」という。自国の人は国内では「君夫人」と呼び、外国に向かっていうときには「寡小君」と称する。外国の人がいうときには

自国民と同様に「君夫人」と呼ぶ)と一致している。(下線は筆者による)
　そして上記 21 例の中で男性の自称規定が 19 例で話者の社会的分布も天子から士までの間に広がっているのに対して、女性に関する規定は (8) (20) (21) の 3 例だけである。当時の女性にもその家柄などによる身分差があり、それが呼称にも反映されていたと考えられる。女性に関する呼称の記述が少ないのも、封建家父長制、男性中心社会を唱える『禮記』というテクストの性格を反映しているものと言える。

(22)　公子曰臣孽。『禮記・玉藻・13』p. 483
　　　((世子以外の) 公子は「臣孽」という)

　(22) は諸侯国君の庶子が国君に対する自称である。
　漢の訓詁学者鄭玄 (127 〜 200 年) は、天子が直接話者または対者となって人と接触するのではなく擯者を通して間接的に他の人とかかわっていたと説明している。(注 3 を参照) 鄭玄の解説は当時の事実に即したものかもしれないが、それはあくまでも解釈であり、『禮記』の言語データが持つ意味情報ではない。われわれは擯者 (接待係) を介するという運用事実の可能性を念頭に置きながら、『禮記』の言語規範としての記述内容 (1 〜 22) に基づいて話者と対者およびその表現形態について表 1 のようにまとめる (括弧内は外国の者に対して使われる表現である。「名」「某」は名前を使うことを意味する)。表 1 には当時のすべての身分関係が反映されたわけではないが、『禮記』の断片的な記述を通して、自称表現に対する話者と対者の社会的身分の影響について、次のような大まかな傾向が見えた。
　①話者の身分に関しては、主に士以上の上層官吏が記述の対象で、農民、兵士、商人などのような下層階級はまったく反映されていない。このことから『禮記』の記述対象はほぼ当時の社会方言としての上層変種に限定していることが分かる。そしてその傾向は、『禮記』が唱える「禮不下庶人」(礼は庶民には適用しない)『禮記・曲禮上・1』) という主張とも一致している。
　②対者身分の中で天子や諸侯に対する自称の異形がもっともバラエティに

富み、士、民に対する自称の記述がおおざっぱになっていることから、対者の身分が高いほどその社会的属性による影響が大きいことが分かる。

表1　話者と対者の身分による自称変異

| 話者＼対者 | 天子 | 諸侯 | 大夫 | 士 | 民 |
|---|---|---|---|---|---|
| 天子 | | 予一人 | | | |
| 伯 | 天子之力臣 | 天子之老 | | | |
| 諸侯 | 臣某侯某 | 寡人 | | | |
| | 某土之守臣某 | | | | |
| 周辺諸侯 | 某屏之臣某 | 不穀(王老) | | | |
| 小国之君 | | 孤 | | | |
| 庶方小侯 | 某人 | | | | |
| 大夫 | 陪臣某 | 寡君之老 | | | |
| 上大夫 | | (下臣) | | | |
| 下大夫 | | (名) | | | |
| 士 | | 傳遽之臣 | (外私) | | |
| 公侯夫人 | 老婦 | 小童(寡小君) | | | |
| 世婦以下 | | 婢子 | | | |
| 公子 | | 臣孽 | | | |

### 2.1.2　話者の家柄と対者との身分による自称変異

　身分ある家柄の代理人や子供などが自分のことに言及する場合には、自分の主人や父親となる者の身分をわきまえる必要がある。ここで言う代理人とは『禮記』中の「使者」(使者)と「擯者」(使者または接待係)のことを指す。代理人の自称詞には、個人としての自分をさす場合と主人の口上を伝え主人のかわりに自称する場合が含まれる。そして代理人が主人の死を他人に伝える場合、話し手と聞き手以外の第3者に言及するので、一種の他称とも言えるが、身内のことを身内以外の者に伝えるという自他関係から考えると、待遇上自称の1つとして捉えたほうがより適切だと判断し、ここでは話し手側の身内の人物に言及する場合の表現も自称の一種と見なす。

　まずさまざまな身分の代理人が自分自身を指す表現に関する規定を見てみ

よう。

(23) 諸侯使人使於諸侯，使者自稱曰寡君之老。『禮記・曲禮下・2』p. 68
(諸侯が他の人を諸侯につかわすとき、使者は自分を「寡君の老」と称する)

(24) (上大夫)擯者曰寡君之老。『禮記・玉藻・13』p. 483
((上大夫の)擯者は「寡君の老」と言う)

(25) 公士擯，則曰寡大夫，寡君之老。『禮記・玉藻・13』p. 483
((大夫が他国に使いして、)公の士がその擯となったとき、その擯は(大夫のことを)「寡大夫」もしくは「寡君の老」と称する)

(26) (列國大夫)使者自稱曰某。『禮記・曲禮下・2』p. 69
(大夫の使者はみずからは「某(名)」と名乗る)

(27) (諸侯世子)擯者曰寡君之適。『禮記・玉藻・13』p. 483
((諸侯世子の)擯者は「寡君の適」という)

(28) (下大夫)擯者曰寡大夫。『禮記・玉藻・13』p. 483
((下大夫の)擯者は「寡大夫」という)

(29) (小國)擯者亦曰孤。『禮記・玉藻・13』p. 483
((小国諸侯の)代理として口上を述べる擯者も、(諸侯の自称として)「孤」と言う)

(30) 大夫私事使私人擯，則稱名。『禮記・玉藻・13』p. 483
(大夫が私事で私臣を他国に使いせしめたときは、(その使臣は大夫のことを)名を称して言う)

　(23)～(30)の規定内容を表 2 にまとめる。表 2 では諸侯の代理人だけでなく、上大夫や大夫の代理人も自分の主人を「寡君」と呼んでいる。このことから、呼称における「君」は上下、主従関係における直属の上層階級である主人の意味として使われたことがまず分かる。そして、下大夫の代理人や私用のための大夫の代理人が「寡君之老」と称しないことから、大夫代理人の自称は上下職階の差や公務と私用の差などによって使い分けられていること

とが明らかである[7]。

表2　代理人の身分による自称変異

| 代理人の身分 | 自称 |
|---|---|
| 諸侯使者 | 寡君之老 |
| 上大夫擯者 | 寡君之老 |
| 大夫公擯 | 寡君之老 寡大夫 |
| 下大夫擯者 | 寡大夫 |
| 世子擯者 | 寡君之適 |
| 小国擯者 | 孤 |
| 大夫使者 | 某 |
| 大夫私擯 | 名 |

『禮記』の中で代理人が主人の死を他者に伝える場合の呼称規定について15例上げられ、そのコンテクスト情報について具体的に記述されている。その内容は次の通りである。

(31)　君訃於他國之君，曰寡君不禄。『禮記・雜記上・20』p. 609
　　（君主の死を他国の君主に告げるには、「わたくし共の君に不禄（不幸）がございました」と言う）

(32)　夫人（訃於他國之君），曰寡小君不禄。『禮記・雜記上・20』p. 609
　　（君主の夫人については「私どもの女君に不禄がございました」と言う）

(33)　太子之喪，（訃於他國之君）曰寡君之適子某死。『禮記・雜記上・20』p. 609
　　（太子の（死を他国の君主に告げる）場合は、「私どもの君の嫡子、某が死にました」と言う）

(34)　（大夫）訃於他國之君，曰君之外臣寡大夫某死。『禮記・雜記上・20』p. 609
　　（大夫の死を他国の君主に告げるには、「君公の外臣たる大夫某が死に

ましてございます」と言う）

(35) （大夫）訃於適者，曰吾子之外私寡大夫某不禄、使某實。『禮記・雜記上・20』p. 609
（大夫の死を他国の同等者に告げるには、「あなたさまから外国で親しくして頂いております大夫の某に、不禄がございました。某をやってお知らせ申します」と言う）

(36) （大夫）訃於士，亦曰吾子之外私寡大夫某不禄，使某實。『禮記・雜記・20』p. 609
（大夫の死を他国の士に告げるにも同様に、「あなたさまから、外国で親しくして頂いております大夫某に不禄がございます。某をやってお知らせ申します」と言う）

(37) 凡訃於其君，曰君之臣某死。『禮記・雜記・20』p. 609
（およそ君主に対して臣下の死去を告げるには、「君公の臣、某が死にましてございます」と言う）

(38) 大夫訃於同國適者，曰某不禄。『禮記・雜記・20』p. 609
（大夫が死んで同僚の同等者に告げるには、「某に不禄がございました」と言う）

(39) （大夫）訃於士，亦曰某不禄。『禮記・雜記・20』p. 609
（大夫の死を士に告げるにも同じく「某に不禄がございました」と言う）

(40) （士）訃於他國之君，曰君之外臣某死。『禮記・雜記・20』p. 609
（士の死を外国の君主に告げるには、「君公の外臣たる某が死にましてございます」と言う）

(41) （士）訃於大夫，曰吾子之外私某死。『禮記・雜記・20』p. 609
（士の死を他国の大夫に告げるには、「あなたさまから外国で親しくして頂いております某が、死にましてございます」と言う）

(42) 士訃於同國大夫，曰某死。『禮記・雜記・20』p. 609
（士の死んだことを同国の大夫に告げるには、「某が死にましてございます」と言う）

(43)　(士)訃於士，亦曰某死。『禮記・雜記・20』p. 609
　　　(士の死を同国の士に告げるにも同様に「某が死にました」と言う)
(44)　(士)訃於士，亦曰吾子之外私某死。『禮記・雜記・20』p. 609
　　　(士の死を他国の士に告げるにも同様に、「あなたさまから外国で親しくして頂いております某が死にました」と言う)
(45)　父母妻長子，曰君之臣某之某死。『禮記・雜記・20』p. 609
　　　((君主に対して臣下の)父母、妻、および長子については、「君公の臣、某のなになにが死にましてございます」と言う)

　以上提示した(31)～(45)の規定内容には、話題人物(話者の主人)の身分と対者の身分および呼称異形という3つの変数要素が含まれている。この3つの変数間の相関関係を具体的に観察するために、まず対者の身分を他国の君に限定し、(31)～(34)(40)の記述内容に基づいて表3をまとめる。

表3　話題人物の身分による自称変異

| 話題人物 | 対者 | 呼称異形 |
| --- | --- | --- |
| 君 | 他国之君 | 寡君(不禄) |
| 君夫人 | | 寡小君(不禄) |
| 太子 | | 寡君之適子某(死) |
| 大夫 | | 君之外臣寡大夫某(死) |
| 士 | | 君之外臣某(死) |

　表3を通して同じ相手「他国之君」に対して話題人物(話者の主人)の身分が異なることにより、それに対する呼称表現およびその待遇的な意味も少しずつ変化することがはっきり観察できる。君と君夫人の間は「小～」をつけるかいなかによって区別されるが、君、君夫人とその下位身分の者は本名「某」の通知を回避するかどうかによって区別される。そして話題人物が大夫、士の場合は、謙譲表現「君之外臣」を使い表現上相手の臣下として捉えることで、話題人物が王族(君、君夫人、太子)の場合との間に区別がつけられ、さらに大夫以上の者と士との間は自分側を「寡～」を冠して表現するか

いなかによって区別されている。このように「君、君夫人、太子、大夫、士」の5つの身分階層の違いがすべて待遇的な示差機能として呼称表現の上に反映されていることが分かる。

次に話題人物の身分を大夫に限定し、その家臣が大夫の死をさまざまな身分の人にどう伝えるかを見てみよう。(34)～(39)の記述に基づいて表4をまとめる。表4に示された呼称表現には次のような特徴が見える。

表4 対者の身分による自称変異（大夫が話題人物）

| 話題人物 | 対者 | 呼称異形 |
| --- | --- | --- |
| 大夫 | 他国之君 | 君之外臣寡大夫某(死) |
| | 他国之大夫 | 吾子之外私寡大夫某(不禄) |
| | 他国之士 | 吾子之外私寡大夫某(不禄) |
| | 自国之君 | 君之臣某(死) |
| | 自国之大夫 | 某(不禄) |
| | 自国之士 | 某(不禄) |

聞き手が他国の者の場合、話し手の視点が聞き手側に接近または移動する傾向がある。たとえば、相手との関係をより近いものとして捉え、他国の君を「君」、他国の大夫、士を「吾子」（わが先生）と表現したり、視点を完全に聞き手側に移動し、主人である大夫（死者）のことを聞き手の「外臣」（国外の臣下）、「外私」（国外の親友）と表現したりするような現象が観察される。他国の君主を「君」と呼ぶことについて、『禮記』では孔子のことばを引用し次のように記している。「君子…稱人之君曰君，自稱其君曰寡君」（君子は…他国の君主を「君」と呼び、自国の君主を「寡君」とよぶのである）『禮記・坊記・30』)。孔子のことばは、周王朝社会において呼称の視点移動に待遇的な効果があることが明確に意識されていたことを物語っている。

そして表4において「寡大夫」という表現は、聞き手が自国の者の場合はまったく使われていない。このことから「寡(＋官職)」の指示範囲は話し手個人または家族、家柄ではなく、その諸侯国であり、「寡(＋官職)」には「わが国の」の謙譲表現として「弊国の」という意味合いが含まれているこ

とが分かる。

それから、士の代理人が国内外の異なる身分の者に対して、主人の死をどう伝えるかについて(37)(40)〜(44)の内容に基づいて表5のようにまとめる。

表5　対者の身分による自称変異(士が話題人物)

| 話題人物 | 対者 | 呼称異形 |
| --- | --- | --- |
| 士 | 他国之君 | 君之外臣某(死) |
| | 他国之大夫 | 吾子之外私某(死) |
| | 他国之士 | 吾子之外私某(死) |
| | 自国之君 | 君之臣某(死) |
| | 自国之大夫 | 某(死) |
| | 自国之士 | 某(死) |

表5ではまず士の代理人がすべての相手に対して、自分の主人のことを「寡(＋官職)」と称していないことが分かる。表3にも見られた傾向だが、表5を見ると「寡(＋官職)」は(表4が示したように)聞き手が他国の者であるという制約だけではなく、話し手が大夫以上であるという身分制約も受けていることがいっそう明らかになる。士の代理人は主人(士)のことを他国の君に対しては「君之外臣」、他国の大夫、士に対しては「吾子之外私」と呼び、自国の君に対しては「君之臣」、自国の大夫や士に対しては本名を呼ぶ。謙譲表現「寡(＋官職)」が使われなくても、身分の上下関係と国の内外関係の要素によってさまざまな呼称異形が使い分けられていることがはっきり示されている。

そして、表3、4、5では他国の君を「君」と呼ぶのは大夫以下の代理人の場合だけであることから、孔子が言う「稱人之君曰君、自稱其君曰寡君」という語用原則はすべての場面でそのまま適用されず、具体的なコンテクストにおける呼称の運用は孔子が示した基本原則より複雑であることが分かる。

ちなみに、呼称問題ではないが、表3、4、5の中で、括弧中の死に関す

る動詞についても、その主語となる者の身分と聞き手の身分によって異なる表現形態が使い分けられている。自国の君の死は他国の君に対して「不禄」と言い、自国の大夫の死は相手が（自国または他国の）君の場合は「死」、相手が（自国または他国の）大夫や士の場合は「不禄」と言い、士の死は相手がどんな身分の者であろうと「死」と言う。第1章においては『史記』における〈死亡〉の社会で異形の運用実態について考察したが、『禮記』の規範では、〈死亡〉を意味する動詞の異形選択は死者の身分と聞き手の身分の両方から制約を受けることになっている。

『禮記』では太公子の自称について次のように規定している。

(46) 君大夫之子，不敢自稱曰余小子。『禮記・曲禮下・2』p. 55
（君主の子や大夫の子は、自分をさして余小子とは言わない）
(47) 大夫士之子，不敢自稱曰嗣子某。『禮記・曲禮下・2』p. 55
（大夫や士の子は、自分をさして嗣子だれそれとは言わない）
(48) （諸侯）世子自名。『禮記・玉藻・13』pp. 483-484
（諸侯の世子はわが名をいう）

(46)(47)は君や大夫の子供は「余小子」と自称してはならず、大夫や士の子供は「嗣子某」と自称してはならないと規定しているが[8]、この2つの禁則を肯定的に記述すれば、天子の太子が「余小子」と自称し、諸侯の太子が「嗣子」と自称するということになる。(48)では諸侯の子は本名を使って自称することを規定している。この3つの規定とも子供の自称表現が親の身分による制約を受けることを示している。

(49) 子於父母則自名也。『禮記・曲禮下・2』p. 69
（子は父母に対しては自分の名をいう）
(50) 父前子名，君前臣名。『禮記・曲禮上・1』p. 31
（父の前と君の前とでは、自分のことを本名を使って指す）

(7) では諸方小侯が天子の国で、(17) では下大夫が諸侯の前で、それぞれ自分の名前を使って自称すると規定しているが、(49) と (50) は子供が親に対して、臣下が君主に対して名前で自称しなければならないと規定し、呼称と身分の関係についてのより一般的な規範を示したものである。

## 2.2 他称

『禮記』における他称の規定について、まず天子が人を呼ぶケースを見てみよう。

(51) (五官之長)天子同姓謂之伯父，異姓謂之伯舅。『禮記・曲禮下・2』p. 66
(天子は、(五官之長)伯が王室の同姓であれば、「伯父」と呼び、異姓ならば「伯舅」と呼ぶ)

(52) (九州之長)天子同姓謂之叔父，異姓謂之叔舅。『禮記・曲禮下・2』p. 66
(天子は九州の長牧が同姓ならば「叔父」と呼び、異姓ならば「叔舅」と呼ぶ)

表6 対者の身分による他者変異(天子が話者)

| 話者＼対者 | 五官之長 ||  九州之長 ||
|---|---|---|---|---|
| | 同姓 | 異姓 | 同姓 | 異姓 |
| 天子 | 伯父 | 伯舅 | 叔父 | 叔舅 |

『禮記』の中で天子が他者に対する呼称の規定は、(51) と (52) の 2 例だけである。表6を見ると、天子は五官の長と九州の長の 2 人に対して親族関係名詞を使って呼称し、五官の長に対しては同姓の場合父方の父より年上のおじ「伯父」、異姓の場合母方の母より年上のおじ「伯舅」を使うが、九州の長に対しては同姓の場合父方の父より年下のおじ「叔父」、異姓の場合母方の母より年下のおじ「叔舅」を使って呼ぶことになっている。親族関係語彙の意味に見られる年齢的上下関係から見て、五官の長が九州の長より上位

にあることが推測できる。姓の異同によって呼称を使分けることは、血統を重んじる古代氏族社会のなごりで、天子が自分より身分の低い年長者に対して上位親族呼称を使う現象は、古代礼制社会における長老尊重の遺風と考えられる。

　次に異なる身分階級の者が天子国に参上する時に、朝廷の役人がその人をどう呼ぶかを見てみよう。

(53)　(五官之長)於天子也，曰天子之吏。『禮記・曲禮下・2』p. 66
　　　((五官の長伯)が天子(の宴)に招かれたときは、接待の役の者は天子に対して、(伯をさして)「天子の吏某」と言う)
(54)　列國之大夫，入天子之國曰某士。『禮記・曲禮下・2』p. 69
　　　(列国の大夫が天子の国に入ると接待の人は「某国の士」と言って他の人々に紹介する)

　五官の長は三公に属し、官吏の中でもっとも地位が高い。(53)では五官の長が天子の前では「天子之吏」(天子の役人)と呼ばれるが、(54)では列国の大夫が天子国では「某士」(某国の下層役人)と呼ばれ、1つ階級を下げて称されることが分かる。

(55)　(列國之大夫)於外曰子。『禮記・曲禮下・2』pp. 69–70
　　　(大夫は他の諸侯国では、「子」と称される)
(56)　(諸侯)在東夷，北狄，西戎，南蠻，雖大曰子。『禮記・曲禮下・2』p. 67)
　　　(東夷、北狄、西戎、南蛮にある周辺国の諸侯は、いかに国力が強大でも、子と呼ばれる)
(57)　(庶方小侯)於外曰子。『禮記・曲禮下・2』p. 67
　　　(周辺の小侯は他の諸侯国では、「子」と称される)

　例(3)～(5)が示すように、自称表現において同じ諸侯でも周辺国の者は

中央列国の者と区別され、異なる異形を使うように規定されているが、(56)(57)は他称においても周辺諸侯は列国諸侯と区別され、列国諸侯より一段低く待遇され、列国の大夫(55)と同様の他称異形「子」と呼ばれることを規定している。つまり、呼称異形の選択には当時の官職や爵位による上下関係の上にさらに天子国を中心とする諸侯国間の上下秩序関係が反映されたことが明らかである。そして、(56)では「雖大（国が大きくても）」というので、周王室を中心とする諸侯国間の秩序は国の大きさや国力の強さの基準に優先することがはっきり示されている。

周辺諸侯たちがこのような呼称規定を実際に守っていたかどうかについては運用実態を反映したテクストで検証しなければならないが、『禮記』の記述は周王朝時代の社会構造や当時中華帝国の秩序観や価値観に沿った言語規範意識を反映したものと言える。

(58) 諸侯不生名。『禮記・曲禮下・2』p. 70
（諸侯については、生存中にその名を呼んではならない）

人の名を呼ぶことが失礼になることは、古代中国社会の一般的な傾向であるが、(58)は諸侯という高い身分の者に言及する場合、原則としてその名を呼んではならないという禁則規定である。

(59) 士於君所言，大夫殁矣，則稱諡若字，名士。『禮記・玉藻・13』p. 427
（士は君前に物を言うとき、亡くなった大夫の名をさすには諡（おくりな）または字（あざな）を言い、士については名（本名）を言う）
(60) （士）與大夫言，名士，字大夫。『禮記・玉藻・13』p. 472
（士が大夫と話すとき、士については名を、大夫については字を言う）

(59)と(60)は士という身分の話者が君や大夫に対して他の大夫や士に言及した場合の呼称に関する規定である。(59)はその人物が死んだ場合、(60)は生きている場合である。その規定内容を表7にまとめる。表7を見ると

明らかなように、話者が士で、対者が君で、話題人物が大夫である場合は、その人が死んでいれば本名を避け、諡(おくりな)または(大夫が50才未満で爵位を受けず諡がない場合は)字(あざな)を称するが、生きている場合は字で呼ぶ。その話題人物が士であれば、対者の身分と話題人物の生死にかかわらずその本名を称す。つまり話者と対者の身分が一定する場合、話題人物の身分により諡名、あざな、本名を使い分けるように規定されている。

表7 話題人物の身分による他称変異(士が話者)

| 話者 | 対者 | 話題人物 | |
|---|---|---|---|
| | | 大夫 | 士 |
| 士 | 君 | (死者)諡、字 | (死者)名 |
| | 大夫 | (生者)字 | (生者)名 |

王力(1962: 329)は古代中国語において「自分を本名で呼ぶのが謙称の一種で、他者をあざなで呼ぶのが尊称の一種である」と説明しているが、表7を見ると、他称において大夫についてその諡や字を使うことが尊称の一種であることは間違いないが、士の身分の他者についての呼称は名を使っているので、「謙称」にも「尊称」にもならない。他称における諡、字、本名の使い分けは社会的身分による待遇差に基づいていることが明らかである。Brown & Levinson(1987: 204)はタミール語、マダガスカル語、ゼルタル語社会の考察を通して、多くの文化において人の名を呼ぶのが失礼になることを指摘したが、古代中国文化においてもその例外ではない。ただし、古代中国において本名を呼んではならない身分の者と呼んでも差し支えない身分の者が存在し、名前は身分などによって何種類にも区別され、呼んで失礼になる名前(本名)と失礼にならない名前(諡、字)などが明確に区別され、規定されていることが分かる。

(61) 國君不名卿老世婦。『禮記・曲禮下・2』p. 55
　　　(国君は上卿と世婦に対しては本名を呼ばない)
(62) 大夫不名世臣姪娣。『禮記・曲禮下・2』p. 55

(大夫は家の世臣（父親の老臣）と姪娣に対しては本名を呼ばない)

(63)　士不名家相長妾。『禮記・曲禮下・2』p. 55
　　　(士は家の用人と長妾に対しては本名を呼ばない)

　一般的な傾向として、目上の人の名を呼ぶのは失礼だが、目下の人の名を呼ぶのは失礼ではない。しかし、それはあくまでも一般的な傾向であり、場合により、話題人物の身分が話し手より低くても他のコンテクスト条件によりその名を呼ぶことを避けることがある。「卿老、世臣、家相」は臣下の中で相対的に身分の高い者で、「世婦、姪、娣、長妾」は妾の中での上位身分に属する者である。(61)(62)(63)は国君、大夫、士が、比較的地位のある目下の者や女性に対してはその本名を呼んではならないと規定している。

(64)　於殤稱陽童某甫，不名神也。『禮記・雜記・20』p. 614
　　　(死者に対しては「陽童の某甫」と称し、神を名で呼んではならない)

　(64)は死者に対してその生前の本名を避け、甫(美称)を称すべきことを規定している。「不名神」(名で呼ばないのは神だから)という理由づけから、この規定は死者を神とし、畏敬の対象として崇めるという信仰習慣に由来することが分かる。

## 3.　場面・状況による社会的変異

### 3.1　自称

　2.1節の考察ですでに明らかなように、天子の自称には対者の身分による変異が見られない。しかし、『禮記』には天子が発話場面や状況に応じて複数の自称詞を使分けることに関してははっきり規定している。

(65)　君天下曰天子，朝諸侯、分職、授政、任功，曰予一人。踐阼臨祭祀，
　　　內事曰孝王某，外事曰嗣王某。臨諸侯，畛於鬼神，曰有天王某甫。⋯

天子未除喪、曰予小子。『禮記・曲禮下・2』p. 63
(天下に君たるものを「天子」といい、(天子が)諸侯を集めて職務を分担させ、政道の方針を示し、あるいは戦争や土木の事を命ずる時には、(自分を)「予一人」と称する。天子が始めて踐阼(即位)し、祭祀を行なうとき、内の祭においては「孝王某」と称し、外の祭においては「嗣王某」と称する。天子が諸侯の国を巡視して、その地の鬼神を祭るときは「天王某甫」と称する。…天子が(即位したばかりで)まだ喪に服している間は自分を「予小子」と称する)

(65)に基づいた表8を見ると、天子は、朝政を聞く場合では通常使う自称詞「予一人」と称するが、即位の儀式や先祖を祭る場面や朝廷外の祭祀行事や鬼神を祭る場面、そして喪中という状況コンテクストにおいてはそれぞれ異なる形態を使用する。この現象から天子の自称行為には、2.1節で見たように現世の人間関係に基づく待遇上の調節は見られないが、発話場面への配慮による使い分けは存在する。そして、その場面はいずれも宗教的な儀式に深く関係し、先祖、鬼神、亡霊に対する待遇的な配慮が払われたことが分かる。

表8　場面による天子の自称変異

| 話者＼場面 | 朝政 | 内祭 | 外祭 | 鬼神祭 | 喪中 |
|---|---|---|---|---|---|
| 天子 | 予一人 | 孝王某 | 嗣王某 | 天王某甫 | 予小子 |

(14)　(東夷、北狄、西戎、南蠻)於内自稱曰不穀，於外自稱曰王老。『禮記・曲禮下・2』p. 67
((周辺国の諸侯は)国内では自分を「不穀」と称し、外国へいったら自分を「王老」と称する)

(25)　公士擯，則曰寡大夫、寡君之老。『禮記・玉藻・13』p. 483
((大夫が他国に使いして、)公の士がその擯となったとき、その擯は(大夫のことを)「寡大夫」もしくは「寡君の老」と称する)

(30)　大夫私事使私人擯，則稱名。『禮記・玉藻・13』p. 483
　　　（大夫が私事で私臣を他国に使いせしめたときは、（その使臣は大夫のことを）名を称して言う）

　2.1節の身分による変異にも反映されたが、(14)は周辺諸侯が国内と国外という発話の場面条件によって、(25)と(30)は公・私という状況コンテクストによってそれぞれ異なる自称詞を使い分けるように規定している。

(66)　父母在不稱老。『禮記・坊記・30』p. 799
　　　（父母の有る間は「老」と称しない。）
(67)　（諸侯）在凶服，曰適子孤。『禮記・曲禮下・2』p. 68
　　　（諸侯は喪服を着ているときは、「適子、孤」と自称する）
(68)　祭稱孝子孝孫，喪稱哀子哀孫。『禮記・雜記・20』p. 618
　　　（父母や祖父母の祭りには「孝子某」、「孝孫某」と称し、喪中の礼では「哀子某」、「哀孫某」と称する）
(69)　（諸侯）臨祭祀，内事曰孝子某侯某，外事曰曾孫某侯某。『禮記・曲禮下・2』p. 68
　　　（諸侯は祭祀に臨むときは、内の祭には「孝子某」と称し、外の祭には「曾孫、某の侯、某」と称する）

　(66)は親の存在をコンテクスト条件とし、親がいる者はみずから「老」と称してはならないと規定している。
　表1に示されたように、一般の諸侯は「寡人」と自称し、「小国之君」、「庶方小侯」は「孤」と自称する。これはつまり「孤」が「寡人」より待遇値が低いことを意味する。(67)では一般諸侯が、喪服を着ているときは「孤」と自称すると規定している。親の存在を意識したときには自分を一階層下げて小国の君などが使う自称詞「孤」に切り替えることが分かる。(68)は祭儀や喪中の儀式で亡き父母や亡き祖父母に対して自分のことを「孝～」と「哀～」によって呼び分けるように規定し、(69)は内事と外事という祭

祀の種類によって自称詞を使分けることを規定している。

　場面・状況による自称変異にもう1つ興味深い規定がある。

(70)　與君之諱同，則稱字。『禮記・雜記下・21』p. 652
　　　（もし臣の名が君主の諱と同じである場合は、その臣は自分のこともあざなで称する）

　2.2節でも指摘したように、古代中国において名を尊ぶ習慣があり、呼称において人の本名を避けることはその人に対するプラス待遇になるが、自分の本名を言うことは自己に対するマイナス待遇で、一種の謙譲行為になる。そして目上の人、とくに君主や親などの本名を口にしてはならないだけでなく、さらにそれと同じ発音の語まで発してはならないという習慣がある。それはいわゆる「諱名」行為である。(70)では君主の名が臣下である話し手の本名と同じ発音の場合、話し手はそれを避け自分の本名の代わりにあざ名を使って自称しなければならないと規定している。つまり、あざなは、一般的には他人に呼ばれる場合に使われるが、特殊な状況、つまり話者の本名が君主の名と同一発音という状況コンテクストに限って、あざ名も自称詞の異形の1つになり得るということが分かる。

### 3.2　他称

　『禮記』の中で場面や状況による他称変異に関する規定は全部で10例あるが、まず天子に対する呼称について見てみよう。

(71)　崩曰天王崩，復曰天子復矣。告喪曰天王登假。措之廟、立之主曰帝。
　　　『禮記・曲禮下・2』pp. 63–64
　　　（天子の死去には「天王が崩ずる」といい、復（招魂の儀式）には「天子、復せよ」と叫ぶ。天子の喪（崩・死去）を外に告げるには、「天王が登仮せられた」といい、霊位を廟に設けて木主（位牌）を立てるには、「帝」と称する）

(72) 天子未除喪…生名之，死亦名之。『禮記・曲禮下・2』pp. 63–64
(喪服中の天子または喪服中に崩じた天子に対してはいずれもその名を呼ぶ)

(71)(72)が示した場面・状況と表現形態を表9にまとめる。

表9　場面による天子の他称変異

| 話題人物＼場面 | 死去時 | 告喪時 | 招魂時 | 位牌立てる時 | 喪中 |
|---|---|---|---|---|---|
| 天子 | 天王 | 天子 | 天子 | 帝 | 名 |

表9で分かるように、天子に対する呼称の場面・状況変異は、喪中または死後の儀式にかかわる場面に限られる。そして、天子であっても先代が亡くなって間もない場合は先代への配慮により太子への他称としてその名を呼ぶことになっている[9]。天子の他称変異は話者と天子の関係ではなく、天子の生死状況またはその親の生死状況というコンテクストに影響されることが明らかである。

次は同一人物に対して、天子国、他国および自国という異なる環境での異形選択に関する規定である。

(73) 五官之長曰伯。…於外曰公，於其國曰君。『禮記・曲禮下・2』p. 66
(五官の長は(天子のもとに参ったときは)「伯」と呼ばれ、他国においては「公」と呼ばれ、その国においては「君」と呼ばれる。)

(74) 九州之長，入天子國曰牧。…於外曰侯，於其國曰君。『禮記・曲禮下・2』p. 66)
(九州の州ごとに(諸侯中から)旗頭が設けられ、この人が天子のもとに参ったときは「牧」と呼ばれる。…その国においては「君」と呼ばれ、他国においては「侯」と呼ばれる。)

(73)と(74)の規定を表10で示す。「五官之長」と「九州之長」はいずれも諸侯の中の統率者、自国で「君」と呼ばれる高い身分の者であるが、天子国では五官の長は「伯」、九州の長は「牧」と呼ばれるが、他国においては五官の長は「公」、九州の長は「侯」と呼ばれる。

表10 場面による諸侯の他称変異

| 話題人物＼国 | 天子国 | 他国 | 自国 |
| --- | --- | --- | --- |
| 五官之長 | 伯 | 公 | 君 |
| 九州之長 | 牧 | 侯 | 君 |

(55) (列國之大夫)於外曰子。『禮記・曲禮下・2』p. 69
　　（大夫は他の諸侯国では、「子」と称される）
(57) (庶方小侯)於外曰子。『禮記・曲禮下・2』)p. 67
　　（周辺の小侯は他の諸侯国では、「子」と呼ばれる）

　(55)と(57)によれば、周辺小侯と列国の大夫はよその国ではいずれも「子」と呼ばれる。『禮記』では同じ身分条件の者が国内での他称形態については明確に規定されていないので、ここでは国内外の比較はできないが、諸侯であっても国が小さければ国外では一階層下げて列国の大夫と同格に扱われることが分かる。
　次は生前と死後という状況コンテクストによる呼称変異に関する規定である。

(75) 祭王父曰皇祖考，王母曰皇祖妣，父曰皇考，母曰皇妣，夫曰皇辟。『禮記・曲禮下・2』p. 74
　　（祖父を祭るには、(尊んで)皇祖考と呼び、祖母には皇祖妣と呼び、父には皇考、母には皇妣妣、夫には皇辟と呼ぶ）
(76) 生曰父，曰母，曰妻。死曰考，曰妣，曰嬪。『禮記・曲禮下・2』

pp. 74–75

(生存中は父、母、妻と呼び、死後には父を考、母を妣、妻を嬪と呼ぶ)

(75)(76)の内容に基づいて表 11 をまとめる。

表 11　生死状況による他称変異

| 状態＼話題人物 | 祖父 | 祖母 | 父 | 母 | 夫 | 妻 |
|---|---|---|---|---|---|---|
| 生前 | 王父 | 王母 | 父 | 母 | 夫 | 妻 |
| 死後 | 皇祖考 | 皇祖妣 | 皇考・考 | 皇妣・妣 | 皇辟 | 嬪 |

表 11 には 2 つの特徴が見える。1 つは祖父母、父母、配偶者の呼称は生前と死後という状況コンテクストによってまったく異なる形態が使われるということである。もう 1 つは亡くなった親族の者で話者より上位の者と男性配偶者に対しては「皇〜」という接頭語をつけて表現しているということである。鄭玄の注では「皇、君也」(孫 1989 p. 156)としているが、古代中国語において「皇」は君主以外に、大きい、美しい、神などのプラス含意を持つ意味として使われる。『春秋左氏傳』において天に対する尊称として「皇天」が使われている。「皇」はその元来の意味に含まれたプラスの価値的含意から尊敬語としての待遇機能を持っている。上位親族が死後「皇〜」と呼ばれるのは、死者を尊び神格化する習慣に由来するものと見られる。そして同じ配偶者でも男性には「皇」が付くが、女性には付かない。死者の神格化現象と呼称の関係については、死者が神なので生前の名で呼んではならないという(64)の規定にも反映されているが、(75)(76)には、さらに死者には性別に基づく待遇差が示されている。

(58)では諸侯に対してその本名を呼んではいけないと規定しているが、そのすぐ後に(77)のようにその例外を認める場合のコンテクスト条件が提示されている。

(77) 君子不親惡，諸侯失地名，滅同姓名。『禮記・曲禮下・2』p. 70
（君子は悪事をなす者には好意を持たないので、諸侯でも（政治を誤って）国を失った者、また同姓の国を滅ぼした者に対してその名を呼ぶ）

　(77)では諸侯であっても悪事をなした者（自国を滅びさせた者や共通の祖先を持つ同姓の国を滅ぼした者）に対してはその本名を呼んでもよいと規定している。つまり諸侯の他称異形の選択に身分や場面などの要素の上に、さらに話題人物の道徳性、倫理性も状況コンテクストの１つとして影響していることがわかる。

## 4. 呼称変異の文化的背景

　以上、『禮記』呼称規定の全数調査と呼称表現の社会的変異状況の分析を通して、古代中国語の呼称表現が身分・階級や場面・状況などの社会的関数によって変異し、そしてその変異現象が言語の待遇機能と深くかかわっていることを具体的に見てきた。言語の待遇機能は話者が発話参与者に対する価値評価の現れであり、その評価主体の言語意識は同言語社会の文化的価値観、倫理観および世界観と切っても切れない関係にある[10]。
　以下、『禮記』の呼称変異に見られる言語の規範意識と古代中国の倫理的秩序観、世界観との関係について探ってみたい。

### 4.1　礼の倫理秩序観
　『禮記』はその表題が示すように古代中国の礼文化の集大成である。『禮記』では礼の目的について次のように説明している。

　　「禮者殊事合敬者也…。禮者天地之序也」（礼は物事を差別し、人心をして尊敬するところを同じくせしめるものである。…礼は天地の間の秩序を代表するものである）『禮記・樂記・19』pp. 565–566

『禮記』が言う「天地之序」は、自然科学で言うような事物の客観的、物理的な秩序関係ではなく、貴賎、尊卑という倫理的、価値的判断が介した秩序関係である。『易經』では世界の倫理秩序について次のように記している。

「天尊地卑，乾坤定矣」(天は尊く地は卑しくして乾坤定まる)『周易・繋辞上傳』[11]

これは、天と地が単なる自然現象としての存在ではなく、その間に相対的な倫理的、価値的序列関係が存在するという古代中国人の「天人合一」の世界観を反映したものである。礼とは、このように倫理的にシステム化した世界秩序を順守するための一連の行動規範と言える。そして、『禮記』では礼の具体的な機能について次のように規定している。

「夫禮者所以定親疏，決嫌疑，別異同，明是非也」(礼とは、親疎、正不正、異同、是非などの差等や差別を明示するためのものである)『禮記・曲禮上・1』p. 15

自然界、人間社会および信仰の世界を含めたさまざまな差等、秩序に価値的差異を付与し、倫理性を持たせることが古代中国の礼的秩序の本質だと言える。礼にかなうためには言語行動を含めて、人間の行為のすべてが貴賎尊卑の秩序をわきまえることが求められる。われわれは、2、3節の分析に基づいて、『禮記』の呼称規定に深くかかわった文化的秩序観、呼称の異形選択に影響を与えた社会的関数要素について次の5つの基本的パラメータを抽出することができる。

### 4.1.1　上／下身分のわきまえ

礼が身分の上下関係秩序のわきまえを求めることについて、『禮記』は次のように説明している。

「君臣上下、父子兄弟、非禮不定」(君臣、上下、父子、兄弟の間柄は礼を用いなければ差別が明らかにされない)『禮記・曲禮上・1』p. 14

礼の基本的な役割の1つは上下関係を明確にし、身分秩序を守ることである。『禮記』の呼称規定はそれを明確に反映している。

本研究であげた『禮記』呼称規定のほとんどは、天子の自称詞(1)(64)、天子への他称詞(71)(72)、諸侯の自称詞(3)～(5)(7)(10)～(14)(67)(69)、諸侯への他称詞(56)～(58)などが代表するように、官職、爵位などの身分階級における上下関係に基づいている。そのほかに(45)～(49)(66)(73)(74)などは親子関係など家族内の上下秩序に基づき、(3)～(5)(7)(56)(57)などは天子国との関係による諸侯国間のステータス順位に基づいている。

そして、『禮記』における場面・状況による呼称変異においても、すべてこのように身分が確定した上での変異と言える。

### 4.1.2 外／内、疎／親のわきまえ

『禮記』では、「夫禮者所以定親疎」(礼とは親疎関係を定めることである)(『禮記・曲禮上・1』p. 13)、「君子貴人而賤己、先人而後己」(君子は人を尊んで己を卑下し、人を先に立てて己を後にする)(『禮記・坊記・30』p. 794)などと述べている。つまり、人々が君子らしく振舞い、礼節を守るためには、上下の身分関係というタテの秩序だけでなく、内外、親疎、自他というヨコの秩序も同時に守らなければならない。

(14)(31)～(45)(55)(57)(69)などは、上下の身分関係の上に、話題人物や聞き手が話し手にとって自国の者か外国の者かという国の内外秩序に基づく呼称規定である。

(69)は祭祀という場面・状況における朝廷内外の秩序に基づく呼称規定である。

### 4.1.3 神／人のわきまえ

孔子が「敬鬼神而遠之」(鬼神を敬して遠ざける)(『論語・雍也』)と言うよ

うに、古代中国において「鬼神」が人々の敬う対象であり、先祖や鬼神の要素は古代人にとって身近な存在で、言語行動にも密接にかかわっていると見られる。(65)〜(69)は祭祀の場など鬼神や死者の存在をコンテクスト条件としてかかわった場合の呼称規定で、(75)(76)などは先祖や鬼神が話題人物となる場合の呼称規定である。

　現代社会を対象とする敬語やポライトネスの研究は、主に敬語行動にかかわった人間関係に重点が置かれ、鬼神や先祖などに対する言語行動、または鬼神や先祖の存在がコンテクスト条件となるケースはほとんど問題にされない。これは現代人の言語生活の実態を反映したものとして当然かもしれないが、古代人の言語行動とくに古代中国社会の敬語行動を見る場合には、さらに信仰の要素、鬼神や死者にかかわる表現も考察の対象に入れることが必要である。

### 4.1.4　公／私のわきまえ

　礼の行動規範にしたがえば、呼称行為は上／下、外／内、神／人などの秩序の上に、さらに公／私という話者の立場や社会的役割の秩序もわきまえて行なう必要がある。(25)と(30)では、同一身分の話者でも公的な場と私的な場によって呼称異形を使い分けるように規定している。

### 4.1.5　男／女のわきまえ

　(75)(76)は話題人物への待遇呼称に男女差が影響した例である。

　儒教社会は男性中心主義の社会である。『禮記』の記述にもこのような儒教思想が濃厚に反映されている。男性は社会に出て働き立身出世を果たし、女性は家の中で働き内助の功をつくす。『禮記』呼称規定の9割以上が男性の話者を想定したもので、女性話者の規定はわずか3例(8、20、21)だけである。当時の社会では男女とも自らの立場をわきまえて呼称行為を行なっていたと思われるが、『禮記』は儒教社会の礼の規範書として男性の呼称により重きを置き、より詳しく規定していることがこの研究で明らかになった。

### 4.1.6 善/悪のわきまえ

(58)では諸侯に対してその本名を呼んではいけないと規定しているが、そのすぐ後に(77)のように、悪事をなした諸侯に対してはその本名を呼んでもよいという倫理条件をつけている。このことは、身分の高い人に対する呼称の配慮は、単なる上下関係にのみ動機づけられるのではなく、その人の持つ倫理性、道徳性にも大きく制約されることを意味する。失政により国を滅びさせたり同姓の国を滅ぼしたりするようなことは当時社会では諸侯の行いとしてもっとも不義不徳な行為である。(77)では相手が身分の高い諸侯であっても基本的倫理性に欠けた場合、呼称変異の関数要素として倫理要素が身分要素に優先し、身分の高い諸侯に対する待遇的配慮が却下され、その本名を回避せずに直接呼ぶことができることになっている。

身分の高い人が悪いことをすれば、その本名を呼び、身分の低い人と同じように待遇されるということは、逆にいえば、身分の高い人はもともと倫理性の高い者として評価し、その本名を避ける呼称行為はその人に対する価値的評価の結果であり、プラス待遇の一種であることになる。Levinson(1983)は、一般語用論の立場から敬語(honorifics)現象について発話参与者間の社会的関係を文法化し、記号化する「社会的ダイクシス」(social deixis)の一種として捉えているが、古代中国語の呼称待遇は単なる社会的ダイクシスとしてその身分・階級を指標するだけではなく、倫理性に基づく話し手の価値的評価にも深くつながっていることが分かる。

### 4.2 「陰陽」2項価値の世界観

『禮記』が言語行動の倫理規範についてそこまで細かく規定できた背景には、その規範を支える基準、基本原理があったからである。礼の根拠について、『禮記』では「夫禮…取之陰陽也」(そもそも礼は…陰陽の理に基づいている)(『禮記・喪服四制・49』)と論じている。陰陽の理とは古代中国文化にもっとも大きな影響を与えた宇宙観、世界観である。陰陽世界観では、自然界、人間社会を含めた宇宙のさまざまな現象を2項対立の関係構造の中で捉え、説明している。『禮記』の呼称規定の中で呼称変異に影響を与えたさ

まざまな社会的関数条件（上／下、外／内、疎／親、神／人、男／女、公／私、善／悪など）は、一方が陽で一方が陰という形ですべて陰陽関係構造の中へ組み込まれている。礼儀正しく行動するということは、人間関係に反映された陰陽関係の区別をわきまえることと直接関係している。呼称変異にかかわる上記5つのパラメータから、帰納的に古代中国社会で順守された礼の行動原理を抽出することができる。

　礼の行動原理：礼儀正しく振舞うためには陰陽秩序をわきまえて行動せよ[12]。
　このように、『禮記』の規定に現れた呼称異形の社会的関数条件はすべて「陰陽」という2項対立の価値構造、倫理秩序に還元し、それに統合されることになる。
　井出、荻野、川﨑、生田（1986）は敬語行動について「わきまえ方式」と「働きかけ方式」を区別しているが、儒教の経典としての『禮記』は古代中国社会の「わきまえ型」敬語行動の規範モデルを提示したと言うことができる。

## 5. 結論

　古代中国社会は、とくに周王朝時代において、「經禮三百、曲禮三千」（基本的な礼は三百、細かい礼は三千ある）（『禮記・禮器・10』）と言われるほど礼を重んじる社会である。『禮記』はその時代的特徴を映したものである。しかし、これまで『禮記』に関する研究はおもに古代社会の風俗習慣、社会制度、農事暦法などに重点が置かれ[13]、経学や礼学の道具としての訓詁学、注疏学はあるものの、言語学、特に社会言語学、語用論の視点による考察は管見の限りほとんど皆無と言える。
　これまで『禮記』が言語学研究の対象として軽視されたのは、そのことばに関する規定が一種の言語規範であり、『春秋左傳』など叙事的なスタイルで書かれた同時代の他の文献に比べて、言語運用の実態そのものを反映した

とは言えないという認識があったからかもしれない。しかし、『禮記』の言語規定はその記述内容がかなり具体的で、一部『老子』や『論語』などの記述とも合致することから、これらの規範はあながち言語事実を離れた単なる紙上談義ではないことは明らかである。これまで言語研究において『禮記』の言語規定が言及されるのは、ほとんど古代言語運用事実の傍証として引用されるにとどまっていた[14]。今回われわれは、言語規範と言語運用実態という2つの相を混同して論ぜず、古代中国語の呼称に関する規範を中心に考察してきた。この考察を通して、言語はどう運用されるべきかという古代中国社会の言語規範意識とりわけ当時正統派の儒教思想における言語観およびそれと文化的倫理観、世界観との関係がはっきり浮かび上がってきたと言えよう。

**注**

1 胡適(1939)は古代中国語の2人称代名詞を目下または同等者に対するぞんざいな言い方とし、王力(1958)は第1人称の「予、我」を含め、古代人称代名詞は目上や同等者には使えない失礼な表現だと指摘した。
2 呂叔湘(1944)、王力(1955, 1958)、Chao(1956)、楊伯峻(1972)、周法高(1990)、袁庭棟(1994)など。
3 本章の例文は竹内照夫(1979)『新釈漢文大系・礼記』(明治書院)による。竹内(1979)は阮元の校勘記付十三経注疏本の『禮記』を底本とする。天子の自称について、鄭玄注では「皆擯者辞也」(それはみんな擯者が使ったことばである)(孫1989: 126)としている。古代中国社会では、天子に限らず、諸侯、大夫などの身分の高い人物のことばは使者や擯者(接待係)を通して伝えることがある。しかし、このような場合使者や擯者が一個人として自分自身を指すのではなく、その主人の代言をしているので、擯者とその主人を同格の立場と見ることができる。天子は一生涯絶対直接人と会わないわけではないし、『禮記』も1回だけの事実について記録したものではなく、一般的な規範としてある抽象度をもって規定したものなので、(1)の記述は、時には擯者を介して言うことがあってもやはり天子の自称に対する規定と理解した方が適切であろう。
4 中国語絶対敬語の歴史的変化について詳しくは彭(1999)を参照されたい。
5 楊(1997: 432)を参照。

6 光緒元年浙江書局刊二十二子所収王弼本を底本とする木村(訳)(1984: 87)による。
7 ここでの公務とは君命を受けた場合のことを意味する。
8 『禮記』言語禁則の全体像について詳しくは、第3章を参照されたい。
9 鄭玄の注(阮(撰)1979: 1260)によれば、実際は名に「小子王」をつけて呼ばれるとしている。『禮記』はある種の規範なので、当時の運用事実とずれる可能性は想像できるが、テキストの原文と注釈に相違がある場合、ここでは一次的な言語データとしてテキストの原文にしたがう。
10 言語の待遇機能と文化的価値観との関係について詳しくは彭(2000b)を参照されたい。
11 阮刻十三経注疏本を底本とする高田、後藤(訳)(1996: 211)による。
12 礼の行動原理に関する理論的考察について詳しくは彭(2000a)を参照されたい。
13 銭(1996)、鄒(2000)を参照。
14 例えば、陳建民(1989: 100)などでは古代中国語の社会言語学的性質を説明するために『禮記』の記述「生日父、日母、日妻。死日考、日妣、日嬪」(曲礼下第二)を引用している。

**用例出典**
竹内照夫(1979)『新釈漢文大系・礼記』明治書院

# 第3章 ことばの禁則と
## 社会的コンテクスト
―『禮記』言語規範の研究

## 1. はじめに

　『禮記』(前3世紀)は古代中国社会の行動規範や倫理規定に関する最も古い経典の1つである。その中には言語表現や言語行動などに関する規定も多く含まれている。言語学の立場から見ると、『禮記』には音韻や文法など言語構造に関する記述が少ない一方、語用論的、社会言語学的制約に関するものがたいへん豊富である。とくに言語行動の倫理基準、礼にかなう言語表現の範例が細かく記されている。『禮記』は古代中国におけることばと社会の関係を理解する上で欠かせない貴重な資料だと言える。

　近年語用論研究においてポライトネス現象について多くの理論が現れている。ポライトネスの普遍性を見据えた Brown & Levinson (1978、1987) のメンツ理論や Leech (1983) の丁寧さの原理などがその代表的なものと言える。ポライトネスの普遍理論は、言語の普遍性に着目する以上、異なる言語にも適応し、言語の通時的な変化にも耐え得るような汎用性を持っていなければならない。『禮記』言語規範の研究は、古代中国語におけるポライトネス現象の実態の一部を明らかにするだけでなく、特定の言語や時代を越えたポライトネス現象の普遍性の探究においても重要な意義を持つのではないかと思う。

　『禮記』は倫理規範に関する書物のため、その記述の多く、たとえば「言語之美，穆穆皇皇」(『禮記・少儀・17』p.529)、「恒言不稱老」(『禮記・曲禮上・1』p.19) などのような言明は文法的に平叙文であっても、礼の規範を

示すというテクストの制約により一種の倫理命法として機能し、「(君子の)ことばは穏やかで、丁寧であるべき」、「常々自分を老と称してはならない」などのように一種の擬似命令として解釈することができる。ここではことばの倫理命法に関する否定的言明を「禁則」と呼ぶことにする。

　本章は主に『禮記』の中の言語現象にかかわる禁則事項について考察を行う。『禮記』は礼に関する理論的研究書というより、日常生活における礼の実践的教本のような性格を持っている。そのため、礼にかなう言語行動についても、すべて抽象的、肯定的な原理として述べるのではなく、その多くは実践上の拘束力を持つ否定的な表現によって述べられている。「AのコンテクストではBをしてはならない」という否定的命法は、禁止対象がはっきり限定されるため、「AのコンテクストではBをしなければならない」という肯定的な命法に比べて、言語行動において最低限に犯してはならない倫理基準がはっきり示され、禁則に従わなければ失礼または無礼とみなされ、倫理的に問題が生じるという明確なメッセージがこめられている。

　本研究は、『禮記』における言語禁則を研究することにより古代中国社会における言語規範の実態、その社会言語学的制約条件およびその背後にある語用論的原理・原則などについて論証したいと思う。

## 2.　『禮記』言語禁則の概観

　『禮記』の中で、ことばに関する禁則項目は全部で78例ある。その内わけについて、大きく言語行為の禁則、言語随伴要素の禁則、話題内容の禁則の3つに分けることができる。言語行為の禁則の中には、「質問、呼称、非難、命名、発語、挨拶、諫言（かんげん）、賞賛、諱名、命令、弁明、祈願、誄言（るいげん）」という13種類の行為に関するものが含まれる。これらの言語行為のほとんどは現在の言語活動においても行なわれているが、その内の「諫言」、「諱名」、「誄言」だけはいまではもう行なわれなくなった。少なくとも現代中国社会では独立した言語行為として認識されなくなった。言語随伴要素の禁則はおもに話者の態度、発話順番、声量および発話参与者間の

距離に関するものである。話題内容に関する禁則はおもに場面や話者の身分との関係で規定されたものである。禁則が及んだ領域と項目数は次の通りである。

言語行動の禁則(54)：質問(10)、呼称(9)、非難(6)、命名(5)、発語(5)、
　　　　　　　　挨拶(4)、諫言(4)、賞賛(4)、諱名(3)、命令(1)、弁
　　　　　　　　明(1)、祈願(1)、誄言(1)
言語随伴要素の禁則(15)：態度(6)、順位(5)、声量(2)、距離(2)
話題内容の禁則(9)：話題内容とコンテクスト(4)、話題内容と真実性(2)、
　　　　　　　　　話題内容と感情(2)、話題内容と語彙選択(1)

　以下そのすべての禁則項目を提示し、その成立の根拠と社会的、文化的背景について分析する。

## 3.　言語行為の禁則

### 3.1　質問行為の禁則

　『禮記』において質問発話行為の禁則事項は全部で10例あったが、2例は質問行為一般に関する禁則で、8例は具体的な質問に関する禁則である。まず質問行為そのものに関する禁則を見てみよう。

禁則1：君子於其所尊弗敢質。『禮記・聘義・48』p. 946 [1]
　　　（君子は尊敬する相手に対して直接に問いかけることはしない。）

　問いかけという発話行為は相手に対して答える義務を課し、負担を強いると同時に、質問者側が話題選択や談話進行の主導権を握るという意味で、本質的に相手にとって失礼な言語行為である。禁則1は問いかけ発話行為がもつ本来の無礼さを避けるために、尊敬すべき人に対しては問いかけ行為そのものをしてはならないと規定している。礼を守り立派な人間「君子」にな

ろうとする者は最低限にこのような倫理規定を心得ることが要求される。

禁則2：三年之喪…對而不問。『禮記・雜記・21』p. 634
（3年の喪においては…人の問いには答えても、みずから問うことはしない。）

これも質問行為そのものに対する禁則であるが、禁則1と違う点は、相手との人間関係に対する配慮ではなく、喪中という状況コンテクストに対する配慮である。喪の期間中に人に問いかけたりするような積極的な言語行動は、親を亡くした悲しみの感情にそぐわず、孝の礼をわきまえないという意味で倫理的に問題があるとされる。

次は具体的な質問内容にかかわる禁則である。

禁則3：弔喪弗能賻，不問其所費。『禮記・曲禮・1』p. 43
（弔問にいっても財を贈ることができない場合は葬式の費用について訊ねたりしない）
禁則4：問疾弗能遺，不問其所欲。『禮記・曲禮・1』p. 43
（病人を見舞って物を贈ることのできない場合は、ほしいものなどについて聞かない）
禁則5：見人弗能館，不問其所舍。『禮記・曲禮・1』p. 43
（よそから来た人に、わが家に泊めることのできない場合は宿について聞かない）

この3つの禁則は、異なる場面での発話に関するものだが、「相手が困っていそうな状況」と「自分にはその手助けができそうにない」という2つのコンテクスト条件において共通点を持っている。これらの規定の裏には、相手の困ったことについてたずねるということは、単なる質問行為ではなく、質問者が助けを提供する用意があるという意志表明であり、その手助けを暗に約束するという発話媒介行為（perlocutionary act）として機能すること

を示唆したものである。つまりこのような質問発話行為が遂行すれば、発話者の行動がそれによって拘束され、助けを提供する行為そのものが実際伴わなければならないということである。「出費、ほしいもの、宿」に関する質問行為が持つ約束の効力は、遂行動詞による約束の発話行為ほど直接ではないが、発話媒介行為として自分が現状の改善に寄与したいという間接的な約束の効力を持っている。禁則3～5は、助ける意志または能力がないのにこのような質問をすると、相手にかなわぬ期待をさせ、不誠実な約束をしてしまうことを戒め、君子は自分の発話行為の背後にある媒介的効力まで心を配る必要があるという倫理規範を示したものである。『禮記』の中でこのような発話媒介行為としての約束効力を肯定的に述べたのは次の規定である。コンテクスト条件が整えば質問行為そのものが約束行為の1つとして成り立つことをはっきり示している。

　　　君子問人之寒，則衣之，問人之飢則食之。『禮記・表記・32』pp. 831-832
　　　（君子は、人に寒さを問えば実際に着る物を与え、人に飢えを問えば実際に食物を与える）

　物を贈る時に相手にほしいものをたずねることは、最初から相手に、遠慮して辞退するか安価なものを選ぶ機会を与えてしまうことになるので、そうすることはプレゼントする誠意がなく、不親切だと解釈される可能性がある。禁則6は、相手にほしい物を訊ねることは、相手が遠慮することを見越した不誠実な贈与行為として捉え、戒めたものであろう。

禁則6：與人者，不問其所欲。『禮記・曲禮・1』p. 43
　　　（人に物を与えるとき（自分で決めずに）相手に欲しいものを聞いてはならない）

　質問行為について、禁則7は相手が自分よりずっと目上であるという人

間関係と、年齢を訊ねるという質問内容により、禁則8は道で出会うという発話場面と、行く先を訊ねるという質問内容によってそれぞれ制約されるが、禁則9は相手が女性という性別属性と病名を訊ねるという質問内容によって制約される。3つの禁則は基本的に目上や女性に対してプライベートのことについていろいろ訊ねることは礼に反するという共通の認識に基づいている。

禁則7：尊長於己踰等，不敢問其年。『禮記・少儀・17』p. 526
　　　（目上の人で自分よりずっと年上の人に対して、その年齢を訊いてはならない）
禁則8：遇於道，見則面，不請所之。『禮記・少儀・17』pp. 526–527
　　　（道で（目上の）人に行き合い、その人が自分を見たら、こちらから近づいて挨拶をするが、行く先を訊いたりはしない）
禁則9：婦人疾，問之不問其疾。『禮記・坊記・30』pp. 807–808
　　　（婦人が病気のときは、男はこれを見舞っても病名などは問わない）

禁則10は、家族内においても男女や上下関係の秩序をわきまえ、倫理上疑いをかけられるような言動を慎むように規定したものである。

禁則10：嫂叔不通問。『禮記・曲禮上・1』p. 30
　　　（弟と兄嫁とは互いに安否を問わない）

これまで提示した質問行為の禁則だけでも分かるように、『禮記』の言語禁則は人間関係や場面、話題など極めて具体的なコンテクスト情報を備えたものである。この特徴は後ほどの分析で明らかなように『禮記』言語規範全体の特徴とも言える。

## 3.2　呼称行為の禁則

『禮記』における呼称行為の禁則は全部で9例あるが、それを他称に関す

るものと自称に関するものの2種類に分けることができる。そして他称に関してはおもに他者の本名を呼ぶことに関する禁則規定である。

### 3.2.1 他称

古代中国では人の本名を神聖化する習慣があるため、人の本名を呼ぶことはその人に対して失礼な行為と見なされる。禁則11は相手が諸侯国の君主という高い身分であれば、他人がその人の本名を呼んではならないと規定している。

禁則11：諸侯不生名。『禮記・曲禮下・2』p. 70
　　　　（諸侯については、生存中にその名を(他人が)呼ぶことはない。）

ここでは諸侯という社会的身分属性が本名による呼称行為を制約する重要な関数要素として取り上げている。しかし『禮記』では禁則11のすぐ後に次のような但し書きが付いている。

　君子不親惡，諸侯失地名，滅同姓名。『禮記・曲禮下・2』p. 70
　（君子は悪事をなす者には好意を持たないので、諸侯でも（政治を誤って）国を失った者、また同姓の国を滅ぼした者に対してはその名を呼ぶ。）

この但し書きにより本名を呼ぶかどうかは、単純に社会的身分の高さだけで決まるわけではなく、その人が諸侯としての徳を備えているかどうかという善悪判断、一種の倫理的基準が存在することが分かる。

一般的に目上の人が目下を呼ぶ場合に、その相手が成人であれば本名を避け、字（あざな）で呼ぶことになっている。しかし、次の禁則12、13、14を見ると分かるように、目上が目下を呼ぶ場合でも、上下関係の度合いによってさらに条件付けられている。つまり、相手が目下でも比較的年上や上位の者に対しては本名を呼ばないことになっている。

禁則 12：國君不名卿老世婦。『禮記・曲禮下・2』p. 55
　　　　（国君は上卿と世婦に対しては本名を呼ばない）
禁則 13：大夫不名世臣姪娣。『禮記・曲禮下・2』p. 55
　　　　（大夫は家の世臣と姪娣に対しては本名を呼ばない）
禁則 14：士不名家相長妾。『禮記・曲禮下・2』p. 55
　　　　（士は家の用人と長妾に対しては本名を呼ばない）

　古代中国では死者を神格化し、神としてあがめる習慣があるので、禁則15 が示すように人が亡くなればその人を本名で呼ぶことは礼に反することになる。禁則 15 から『禮記』の言語規定は、聖なる存在に対するいわゆる対神言語行動にも及んでいるので、Brown & Levinson（1987）のように相手のメンツへの配慮、または Leech（1983）のように相手の損得への配慮という対人言語行動の枠組みだけでは十分に説明できないものである。

禁則 15：於殤稱陽童某甫，不名神也。『禮記・雜記上・20』pp. 614–615
　　　　（死者を「陽童の某甫」と称し、神を名で呼んではならない）

### 3.2.2　自称
　禁則 16 と 17 は自分のことを「老」と称してはならないと規定しているが、禁則 16 は一般的状況を指し、禁則 17 は親が健在であるというコンテクスト条件を付加している。この 2 つの禁則の背後には年齢に関する価値観、「年齢が高いほど価値が上位である」という「長老尊重」の社会意識が反映されている。このような価値観を持つ社会では自分を「老～」と称するのは尊大行為であり、「小～」と称するのは謙遜行為になる。相手を「老～」と称し、自己を「小」と称することは中国文化におけるポライトネスの基本原則の 1 つで、近現代中国語にも通じる現象である。

禁則 16：恒言不稱老。『禮記・曲禮・1』p. 19
　　　　（常々人と話す際に自分を「老」と称して先輩ぶるようなことはし

禁則17：子云，父母在不稱老，言孝不言慈。『禮記・坊記・30』p. 799
　　　　（孔子が言った、「父母の有る間は（そのそばで自分のことを）「老」
　　　　と言わず、「孝」とは言っても「慈」とは言わない」）

　禁則18と19において諸侯以下の息子は天子の太子が使う自称詞「余小子」、大夫以下の息子は諸侯の太子が使う自称詞「嗣子」をそれぞれ使ってはならないと規定している。このことから「余小子」、「嗣子」のような謙譲的自称詞の使用は、社会的身分によって制約を受けることが明らかである。

禁則18：君大夫之子，不敢自稱曰余小子。『禮記・曲禮下・2』p. 55
　　　　（君主の子や大夫の子は、自分をさして余小子とは言わない）
禁則19：大夫士之子，不敢自稱曰嗣子某。『禮記・曲禮下・2』p. 55
　　　　（大夫や士の子は、自分をさして嗣子だれそれとは言わない）

## 3.3　非難行為の禁則

　怒りは心理的現象で感情の一種であると同時に、それが表情やことばの上で表現される場合には、意識的な行動や態度の1つとして現れる。怒りの態度がことばによって表出される場合に取られる言語行為は非難行為である。叱責、ののしり、悪口などを含めた非難行為の遂行はその場におけるさまざまな社会的コンテクストの制約を受ける。禁則20はたとえ相手が犬でも客の前ではそれを叱ったりすることは礼に反する行為として規定している。

禁則20：尊客之前，不叱狗。『禮記・曲禮・1』p. 27
　　　　（尊客の前では、犬にも叱責を浴びせてはならない）

　禁則21と22は、非難行為の回避とそのコンテクスト条件、回避理由について言及している。禁則21はとくに親が病気の時というコンテクスト条

件を提示し、禁則22は他人への非難はいずれ他人からの非難を招き、場合により自分の親や先祖までも非難にさらされるという親不孝の事態を招きかねないという理由付けをしている。これらの禁則は親不孝なことをしてはならないというより大きな倫理意識によって支えられている。

禁則21：父母有疾…怒不至詈。『禮記・曲禮・1』p. 37
　　　　（父母が病気になったら、…腹を立てても人をののしるほどには怒らない）
禁則22：壹出言而不敢忘父母，是故惡言不出於口，忿言不反於身。『禮記・祭義・24』p. 723
　　　　（ひと言出すにも父母を忘れないから、他人の悪口など口に出すことがなく、そのために他人の恨む言葉が身に返ってくることがなく、わが身に恥辱の及ぶことがない）

禁則23は一般的に人の悪口をしてはならないと規定し、禁則24と25は人に対してだけでなく、人の財産とくに人が大切にしているものに対しても悪口を言ってはならないとしている。

禁則23：不苟訾。『禮記・曲禮・1』p. 20
　　　　（かろがろしく人の悪口を言わない）
禁則24：不訾重器。『禮記・少儀・17』pp. 525–526
　　　　（人の大切にしている宝器の悪口はしない）
禁則25：不度民械。『禮記・少儀・17』pp. 525–526
　　　　（人の家の器具類を数えたてるようなことはしない）

### 3.4　命名行為の禁則

命名行為は言語行為の1つであるが、ここでの禁則は主に名をつける時に避けなければならない表現や命名行為そのものを回避するコンテクスト条件などに関するものである。禁則26と27は異なる文脈での同一内容のも

のだが、大夫や士の子供は諸侯の太子と同じ名をつけてはならないという命名行為に対する社会的身分の影響を示している。

禁則26：不敢與世子同名。『禮記・曲禮下・2』p. 55)
　　　　((大夫や士の子は)君の世子と同名にしない)
禁則27：大夫士之子，不敢與世子同名。『禮記・内則・12』p. 449
　　　　(大夫や士の子は、国君の世子と同名にしない)

　一般的に名は親によって付けられ、自分の名を大切にすることは親に対する孝行の1つでもある。禁則28は親が付けてくれた名を親の意志なくして自ら変えてはならないという孝の礼に基づく改名禁則と言える。

禁則28：君子已孤，不更名。『禮記・曲禮下・2』p. 57
　　　　(君子は既に父を亡くしてからは、自分の名を改めない)

　古代中国では死後諡(おくりな)を受けられる者はかなり身分の高い人に限られる。禁則29では父の死後、その子が自分の身分が上がったからといって父に諡(おくりな)を付けてはならないと規定している。諡名は生前の身分に応じなければならないという身分秩序を守ることが求められる。

禁則29：(君子)已孤暴貴，不爲父作諡。『禮記・曲禮下・2』p. 57
　　　　((君子は)父を亡くしてから、ある時にわかに貴い地位を得ても、
　　　　父に諡号を作ることはしない)

　次の禁則30は命名上の一般的なタブーを示したものだが、このような規定から、古代中国社会では対人言語行動に限らず、鬼神や天地自然などに対する畏敬や社会生活での一般的ルールも礼規範の一部として捉えられていたことが分かる。

禁則 30：凡名子，不以日月，不以國，不以隱疾。『禮記・內則・12』p. 449
　　　　（およそ子に名をつけるには、日や月（の干支）を用いず、国の名を用いず、身体の、人に知られないあざやきずを用いない）

### 3.5　発語行為の禁則

　発語行為（locutionary act）は、表現内容を通してある一定の字義的意味を伝えるだけでなく、話の内容いかんにかかわらず、発語行為自体もある種の意図されない意味や価値情報を持つことがある。古代中国社会ではコンテクストにより発言すること自体が礼にそむくものとして扱われることがある。禁則 31、32 は喪中において言語行動そのものを控えるように規定したものである。人が悲しむとおのずと口数が少なくなる。これは現代社会にも通じる人間の一般的な心情と言える。しかし、それが倫理規定として定められ、しかも 3 年間も人と話しをしてはならないという規定は、当時の儒教社会の時代的特徴、死者に対する哀悼の仕方や時間の捉え方などを色濃く反映している。当時の社会ではこの規定がどの程度守られていたかは定かではないが、少なくとも当時の正統な儒教的価値観や言語行動の規範意識として、このような認識があったことは確かである。

禁則 31：三年之喪，言而不語。『禮記・雜記・21』p. 634
　　　　（三年の喪においては、口は利いても人と談論はしない）
禁則 32：三年之喪，君不言。『禮記・喪服四制・49』pp. 958–959
　　　　（三年の喪においては、君主は物を言わない。）

　禁則 33 と 34 は、基本的に同じ禁則の繰り返しであるが、喪中というコンテクストにおいて、「斬衰、齊衰、大功、小功」など喪期が遠くなるにつれ、言語行動においても「唯（簡単に応答する）、對（ちゃんと答える）、言（自ら発言する）、議（議論する）、樂（談笑する）」などと少しずつ口数を増やし、社会的コンテクストと発語行為との対応関係をはっきり示している。

禁則33：斬衰，唯而不對。齊衰，對而不言。大功，言而不議。小功緦麻，議而不及樂。此哀之發於言語者也。『禮記・間傳・37』p. 877
（服喪の最初のころ、斬衰の人は、人に対して「はい」と受け答えするだけで、言葉を出さず、斉衰の人は、人に対して言葉で答えるが、自分のほうから発言せず、大功の人は、人と会話はするが議論はせず、小功と緦麻の人は議論はするが、歓楽の事を話題にしない。この差異は心中の悲哀の大小が言語に表れたものである）

禁則34：禮，斬衰之喪，唯而不對。再齊衰之喪，對而不言。大功之喪，言而不議。緦，小功之喪，議而不及樂。此哀之發於言語者也。『禮記・喪服四制・49』pp. 958–959
（礼法として「斬衰の喪については、人に答えて唯というのみで、それ以上は言わない。斉衰の喪においては、簡単に受け答えするのみで、長くは言わない。大功の喪においては、長く言うとしても議論にはわたらない。緦、小功の喪においては、議論はしても談笑しない」とある。）

禁則35は実行の伴わない言語表現を避けるように規定したものである。

禁則35：可言不可行，君子弗言也。『禮記・緇衣・33』pp. 839–840
（言っても行い得ないようなことを君子は言わない）

## 3.6　挨拶行為の禁則

　一般的に、人に挨拶されたら、挨拶を返すことが礼にかなうことだが、禁則36では特定のコンテクストにおける例外現象として、君主がずっと目下の身分の者に挨拶された場合には、答拝する必要はないと規定している。禁則37は臣下に慶事がある場合、君主の祝福がない限りほかの人が祝賀に訪れてはならないと規定している。この2つの禁則は古代中国社会におけるきびしい身分社会の秩序観を表している。

禁則 36：君於士不答拜也。『禮記・曲禮下・2』p. 61
　　　（君公は、士の身分の（わが）臣には答拜しない）
禁則 37：有慶，非君賜不賀。『禮記・玉藻・13』pp. 476-477
　　　（臣下の家に何か慶事があっても、君主から下され物があったというのでなければ、他人は祝賀にゆかない）

　禁則 38 は大夫が君主に対する拝礼の仕方に関するもので、君主が直接答礼しないように大夫がいろいろ配慮する必要があることを説いている。

禁則 38：大夫有獻，弗親君有賜，不面拜，爲君之答已也。『禮記・郊特牲・11』p. 393
　　　（大夫は、君公に物を献上するとき、自身はゆかず、君公から使者があって物を賜るとき、自身が君公にまみえて拝謝することはしない。もし拝礼すると君公が大夫に答礼することになるからである）

　禁則 39 は国を出た者が国君に挨拶する場合の条件について規定し、その条件を満たさないものは挨拶しないように規定している。

禁則 39：去國三世，爵祿無列於朝，出入無詔於國。『禮記・曲禮下・2』p. 56
　　　（卿大夫たる者が国を去って他国へゆき、そこの人になって三世を経たのち、本国に爵祿を受ける親戚がなければ、それとの交際で本国に出入りしても、国君に挨拶は通じない）

## 3.7　諫言行為の禁則

　諫言行為とは、臣が君に対して、または子が父に対して、その言行の過ちを指摘し、直すように提言することである。諫言行為は発話参与者の身分条件を付加した一種の忠告発話行為とも言える。諫言行為に関する禁則（40〜43）はすべて礼儀正しく、丁寧な諫め方に関するものである。諫めるときおごるような態度を取ったり、相手の過去の過ちを述べ立てたり、そしった

り、そしてあからさまに諫めたりするようなことはすべて礼に反する行為として規定されている。このような規定から古代中国社会では臣下の諫言行為を推奨する一方、君臣、父子、上下の秩序を乱さないように一定の歯止めをかけたことが分かる。

禁則40：爲人臣下者，…諫而無驕。『禮記・少儀・17』p. 529
　　　　（人の臣たる者は、…諫めても、君におごることはしない）
禁則41：子曰，事君欲諫不欲陳。『禮記・表記・32』pp. 827–828
　　　　（孔子が言った、「君主に仕えるには、君主の過失を諫めることに心がけるべきで、過去を述べ立てるのではない。」）
禁則42：爲人臣下者，有諫而無訕。『禮記・少儀・17』pp. 529–530
　　　　（人の臣たる者は、君を諫めても、そしることは無い）
禁則43：爲人臣之禮，不顯諫。『禮記・曲禮下・2』p. 70
　　　　（人の臣たる者の礼として、君の過ちを顕には諫めない）

### 3.8　賞賛行為の禁則

　Leech (1983) によれば、是認の原則（他者への賞賛を最大限にし、非難を最小限にする）はポライトネスの基本的原則の1つである。この原則は古代中国社会においても適用される。特に君主と臣下のような上下関係がはっきりする場合、下位者が上位者に対して頻繁に賞賛行為を行なっていたと見られる。しかし、儒教の倫理観に基づけば、下位者が上位者をとにかく誉めれば礼にかなうというわけではなく、Leech (1983) において礼にかなうとされるような賞賛行為においても一定の節度を保つことが求められる。『禮記』の禁則44～47はむしろ行過ぎた賞賛行為を非礼行為の1つとして捉え、けん制したものである。

禁則44：禮不妄説人，不辭費。『禮記・曲禮・1』p. 13
　　　　（礼はただ態度を恭敬にして人をいい気持ちにさせることではなく、おせじを並べて人に取り入れることでもない）

禁則45：爲人臣下者，…頌而無諂。『禮記・少儀・17』p. 529
　　　　（人の臣たる者は、…褒めても、へつらうことはない）
禁則46：子曰，事君…不尚辭。『禮記・表記・32』p. 826
　　　　（孔子が言った、「君主に仕えるには、…巧い言葉を並べない」）
禁則47：子曰，君子不以口譽人。『禮記・表記・32』p. 831
　　　　（孔子が言った、「ただ口先だけで人を褒めることはない」）

## 3.9　諱名行為の禁則

　諱名行為は古代中国社会においてかなり制度化、慣習化されていたと見られる。諱名は名(本名)を尊ぶ習慣から生まれたもので、その使用は主に先祖や目上の人に対して敬意を表すためであった。その意味で諱名行為も対人関係において待遇的な効果を持っている。諱名は名を尊ぶという点では本名に対する呼称禁則に通じるところがある。しかし、諱名はさらに進んで相手の本名と同じ発音または同じ表記の表現まで避けることを要求する。ところが、ある特定の人物の名前と同一の発音や表記を避けることは現実の言語生活の中では決してたやすいことではない。諱名はもともと名を言うことに対する禁則なので、以下の禁則48〜50は諱名の禁則に対する禁則解除の条件を提示したものと言える。諱名行為の行き過ぎを規制し、名を忌まなくても失礼にならない特例コンテクストを設けた。『禮記』の規定から、諱名行為が当時社会生活にさまざまな不便や支障をきたすほど頻繁に行なわれていたことが想像できる。

禁則48：禮不諱嫌名，二名不偏諱。『禮記・曲禮・1』p. 47
　　　　（礼として嫌名(父母の名にまぎらわしい名)は忌まず、父母の名が
　　　　二名(二字で表す名)であれば、一字ずつ忌むということはしない）
禁則49：二名不偏諱。『禮記・檀弓下・4』p. 169
　　　　（二字で書く名については、その一字ずつを諱むことをしない）
禁則50：於大夫所，有公諱，無私諱。凡祭不諱，廟中不諱，教學臨文不諱。
　　　　『禮記・玉藻・13』pp. 472–473

(士は大夫の前で物を言うとき、君公の父祖の名は諱むが、わが父祖は諱まない。一般に、祭礼、廟中、学問、文章の読み書きにおいては、何人の名も諱まない)

諱名という言語行為は現在ではすでに行なわれなくなったが、ある時期にあたりまえのように行なわれていた言語行為が時代の推移により行為そのものが消えてしまうことがあるということも、言語行為の通時論的な観点から見てたいへん興味深い現象である。

### 3.10　命令行為の禁則
『禮記』には命令行為に関する禁則は1例しか現れていない。禁則51は人に物を与える場合には、たとえその人が目下の人間であっても「取りに来なさい」などと命令してはならないとしている。これは人に物を贈るという親切な行為と人に足労をかけるという行為賦課型行為が競合する場合、前者を優先させ、上下関係にこだわらず、自らまたは使者を遣わして送るなりして誠意を示すことが礼儀だということを意味している。

禁則51：賜人者，不曰來取。『禮記・曲禮・1』p. 43
　　　　（下の人に物を与えるとき（自分で出してやらずに）「取りにきたまえ」などと言わない。）

### 3.11　弁明行為の禁則
孔子は「父母在不遠遊」（父母がいる間は遠くへ旅をしない）『論語・里仁』と言うが、古代中国では親のもとを去り、先祖の土地を離れることは不肖者と見られることがある。大夫や士の身分の者が君主に追放され国を立ち退く時にはなおさら不名誉なことになる。禁則52はこのようなことに遭遇する場合、あれこれと弁明することは一種の非礼行為として捉えられていたことを示している。

禁則 52：大夫，士去國，…不説人以無罪。『禮記・曲禮下・2』p. 60
　　　　（大夫や士が国を立ち退くときは…人に対して、わが身に罪は無いのに国を出ることになったというような弁解をしない）

### 3.12　祈願行為の禁則
　禁則 53 は目下の者が目上の者に対して自分がしたいことを申し出ようとする場合、その願いが相手への接近につながることは申し出てもよいが、相手から離れることはみずから言うのではなく、目上の指示を待つべきだということを意味するものである。

禁則 53：請見不請退。『禮記・少儀・17』p. 528
　　　　（目上の人には、お目にかかりたいとは請うが、お暇申したいとは言わない）

### 3.13　誄言行為の禁則
　誄言は身分の高いものが身分の低い故人に対してその生前の功績を称える言語行為である。禁則 54 は誄言行為における社会的身分制約、つまり身分の低い者は身分の高い者に対して誄を述べることができないことを規定したものである。現代中国社会でも弔辞を述べ故人を称えるという現象はあるが、上下関係の規定がはっきりした 1 つの儀式としての「誄言」発話行為そのものはもはや存在しなくなった。

禁則 54：賤不誄貴，幼不誄長，禮也。『禮記・曾子問・7』pp. 295–296
　　　　（亡くなった人よりも地位の低い者、年の下の者から誄（るい）を述べることはしないのが、礼である。）

## 4.　言語随伴要素の禁則
　『禮記』では、言語行為そのものだけでなく、言語行為に伴うさまざまな

要素に関しても倫理禁則を設けた。禁則が及んだ言語随伴要素には「態度、発言順番、声量、話者間距離」の4種類が含まれる。

## 4.1　態度の禁則

『禮記』の中で、言語行動を取る場合の態度について6例の禁則がある。禁則55～60は言語行動において、我を張ったり、狎れなれしい態度を取ったり、人にこびたり、おごったりしないように規定したものである。これらの禁則の裏には、言語行動において、中庸を大切にし、節度を持って振舞うべきだという礼のバランスに関する原則が存在していることが分かる。

禁則55：直而勿有。『禮記・曲禮・1』p. 12
　　　　（率直に物を言うのはよいが、あくまでも我を張ろうとするのはいけない）
禁則56：禮不踰節，不侵侮，不好狎。『禮記・曲禮・1』p. 13
　　　　（礼は、言動において節度を保つことであり、自己を信ずるがために他人を侮ったり、（仲が良いからといって）人に狎れなれしくしたりしてはならない）
禁則57：子云…閨門之内，戲而不歎。『禮記・坊記・30』p. 99
　　　　（孔子が言った、「家庭内では戯れても歎くことはしない」）
禁則58：爲人臣下者，…頌而無諂，諫而無驕。『禮記・少儀・17』p. 529
　　　　（人の臣たる者は、…褒めても、へつらうこと無く、忠告しても、君におごることはしない）
禁則59：不窺密，不旁狎，不道旧故，不戯色。『禮記・少儀・17』p. 528
　　　　（目上に侍るときは、何か秘密を探ろうとするかのような言動を慎み、みだりに狎れなれしくせず、軽率に（相手に関係のある）昔の事を言い出さず、また相手を軽んじ侮るような顔つきをしない）
禁則60：幼子常視毋誑。『禮記・曲禮・1』p. 21
　　　　（幼児に対しては、常にものごとを教えるときに、あざむく態度を取らないようにする）

## 4.2　発言順番の禁則

　二人以上の人間が話をする時に、だれが先に発言し、話題の優先権を持つかはその言語社会の人間関係の捉え方に直接影響される。『禮記』に現れた発言順番に関する禁則(61〜65)は、年長者が年少者より、先生が生徒より、主人が客より発話の優先権を持ち、後者が前者に先に声をかけたり、問いかけたりすることは失礼な行為とみなし、規制しているが、これらの禁則には、陰陽秩序に基づく当時の身分意識が反映されている。

禁則61：長者不及，毋儳言。『禮記・曲禮・1』p. 26
　　　　（目上の相手が言い出さない事については、こちらからそれを話に交えてはいけない）
禁則62：長者問，不辭讓而對，非禮也。『禮記・曲禮・1』p. 17
　　　　（長老が事を問いかけて来たら、必ず一旦は辞退して（返答を）人に譲るべきであって、すぐさま返答するのは失礼である）
禁則63：見父之執，…不問不敢對。『禮記・曲禮・1』p. 18
　　　　（父の友人の前では、…問われなければ、こちらからは言わない）
禁則64：遭先生于道…先生與之言則對、不與之言則趨而退。『禮記・曲禮・1』p. 21
　　　　（道で年長者に出会ったら、…相手が問いかけたら答え、何も言われなければ、急いで前をさがる）
禁則65：主人不問客不先舉。『禮記・曲禮・1』p. 25
　　　　（主人がまず客のきげんを伺うまでは、客が先に口を開くことはない）

## 4.3　声量の禁則

　声の高さや大きさに関する禁則は次の禁則66と67の2例である。『禮記』の中では発話の声に関する推奨的な記述、肯定的命法は規定されていないが、われわれは禁則66と67が示すような「高く大きな声で話してはならない」という否定的命法を通して、当時社会において「静かに物を言うこ

とは礼にかなう」という声量に関する価値観が存在していたことを確認することができる。

禁則66：*毋噭應*。『禮記・曲禮・1』p. 28
　　　　（高い声で話すのはいけない）
禁則67：*從長者而上丘陵…登城不指，城上不呼*。『禮記・曲禮・1』p. 21
　　　　（年長者に付いて岡にあがり…城に登ったらあちこち指を指さず、また大声で叫んだりしない）

**4.4　距離の禁則**

　禁則68と69は字面では話し手と聞き手の物理的距離について規定しているが、離れた人と話をする時にはおのずと声を上げなければならないことから、その規定の裏には声量に関する禁則も絡んでくることが分かる。

禁則68：*從於先生，不越路而與人言*。『禮記・曲禮・1』p. 21
　　　　（年長者に付いて歩いているときは、道の向こう側の人と口をきかない）
禁則69：*毋踰言*。『禮記・投壺・41』p. 895
　　　　（離れた人に言葉をかけるなかれ）

## 5.　話題内容の禁則

　『禮記』の中で話題内容に関する禁則は全部で9例ある。禁則70〜73は男女、内外、朝野などの発話コンテクストと話題内容との共起性に関する規定だが、禁則74、75は間違ったことや疑わしいことを知りながら口にするという話題内容と真実性に対する禁則である。禁則76、77は親が病気または亡くなった時に冗談や楽しい話題を口にしないという話題内容と感情・心情に関するもので、禁則78は当時の中国大陸において天下の主とされていた天子の地方行幸について「出」という表現を使ってはならないという話題

内容と語彙選択に関する禁則である。

禁則70：男不言内，女不言外。『禮記・内則・12』p. 424
（男は内の（家庭内の）事に口を出さず、女は外の（家や国の政治の）事を言わない）

禁則71：内言不出，外言不入。『禮記・内則・12』p. 424
（内の事は外に言いふらさず、外の事は内で言わない）

禁則72：既葬，與人立，君言王事，不言國事，大夫士言公事，不言家事。『禮記・喪大記・22』p. 681
（（父母が）既に葬ってからは、他人と並んで立つようなおりには、もし諸侯であれば王事を言うが自国の事は言わず、大夫や士であれば公事を言って私家の事は言わない）

禁則73：朝言不及犬馬。『禮記・曲禮下・2』p. 75
（朝廷で談論するには、（私家の）犬や馬のことなどに言及しない）

禁則74：過言負債。『禮記・儒行・41』pp. 901–902
（間違ったことばは二度と口しない）

禁則75：毋身質言語。『禮記・少儀・17』pp. 529–530
（疑わしい話を耳にしたら、自分はそれをまことしやかに人に告げることなどしない）

禁則76：父母有疾…言不惰。『禮記・曲禮・1』p. 37
（父母が病気になったら、…人と話をするのに冗談は言わない）

禁則77：居喪不言樂。『禮記・曲禮下・2』p. 57
（喪中には快楽のことを語らない）

禁則78：天子不言出。『禮記・曲禮下・2』p. 70
（天子については「出る」と言わない）

## 6. 結論

以上の考察を通して、『禮記』の言語禁則は、文法的にまたは意味伝達上

正しいかどうかに関するものではなく、さまざまな言語行為がそれぞれの社会的コンテクストにおいて適切かどうか、倫理的に問題があるかどうかに関するもので、社会語用論的な性格の強いものであることが分かる。『禮記』の禁則には、発話参与者の人間関係属性や場面・状況などのコンテクスト条件を明示するという点では、社会的属性を捨象した Brown & Levinson (1978、1987) や Leech (1983) の語用論的ポライトネス原理とは対照的である。『禮記』の禁則は、一般語用論の原理・原則に比べてより具体的で、礼儀正しい言語行動の指針としてより実用性の高いものになっている。

　『禮記』に示された禁則の数々は、一般的な処世訓として存在したのではなく、これらの禁則が機能する背景には束となる語用論的基本原理や原則が存在していたと思われる。われわれは以上考察した数多くの禁則から帰納的に次のような語用論的原理とその下位原則を抽出することができる。

礼の原理：言語生活において常に礼にかなう言語行動をし、礼に背く言語行
　　　　　動を避けよ。

　そして、礼にかなう言語行動とは何か。古代中国において、礼の原理は次のような下位原則によって実現されると考えられる。

陰陽秩序の原則：君臣、父子、師弟、上下、男女、内外、朝野、生死などの
　　　　　　　　陰陽秩序をわきまえた言語行動をし、陰陽秩序を乱すよう
　　　　　　　　な言語行動を避けよ。
言行一致の原則：実行が伴うような言語行動をし、実行が伴わないような言
　　　　　　　　語行動を避けよ。
中庸節度の原則：中庸を保ち、節度ある言語行動をし、行過ぎた言語行動を
　　　　　　　　避けよ。
孝行の原則：先祖の名誉を守り、親を喜ばせるような言語行動をし、先祖の
　　　　　　名を汚し、親を悲しませるような言語行動を避けよ。

『禮記』の言語的制約は、対面行動においていかに相手と自己のメンツ（自尊心、プライド、心理的欲求）や利害損得に配慮しながら働きかけるだけでなく、言語行動においていかに「君子」（立派な人間）として振舞うべきかというより広い意味での言語行動上の倫理規範を示したものである。たとえば、孝行の原則は対人コミュニケーションにおける相手という個人に対する配慮というよりも、話し手が儒教文化の中でよい人間としてどのような言語行動を取るべきかという倫理的指針を提供したものである。

『禮記』は古代中国社会の礼の集大成である。本章はその中の言語禁則に焦点を絞り、古代中国社会の言語生活の一側面、特に言語運用の規範意識、、社会語用論的制約について考察したが、『禮記』言語規範の体系像を描くには、今後更なる研究が必要である。

**注**
1　『禮記』の引用は竹内（1979）によるものである。日本語訳は文脈を補うための修正を施した。

**用例出典**
竹内照夫（1979）『新釈漢文大系・礼記』明治書院

# 第4章　上古中国語の副詞型敬語の研究

## 1.　研究概要

### 1.1　研究の目的

　古代中国語には、「君、父、上、子、臣、妾、孤、僕」などのような名詞型の敬語や「聖、尊、令、大、寡、敝、鄙、小」などのような形容詞型の敬語の外に、「枉、幸、垂、哀、辱、惠、伏、忝、敢、敬、謹、竊」などのような副詞型の敬語表現があった。副詞型の敬語表現は、「枉駕、幸察、垂慮、哀覧、辱臨、惠示、伏観、忝當、敢問、敬受、謹奉、竊聞」などのように、動詞の前に出現し、動作主体が持つ動作行為や心理状態を想定し、それを通して人間関係を調節し、話し手の対人的、待遇的態度を表すものである。

　副詞型の敬語は、一部『尚書』(約 BC 7 世紀頃)、『詩經』(約 BC 7 世紀頃) などにすでにその原型とも言える用法が出現し、『論語』(BC 5 世紀頃) や『左傳』(BC 4 世紀頃) などにおいて明確に機能し、『史記』(BC 1 世紀)、『漢書』(1 世紀) などには大量に使われたため、その意味機能と表現形態の記述は、中国語の敬語の起源とその歴史的変化を研究する上で重要な意味を持つものと思われる。

　古代中国語の副詞型敬語について、これまで訓詁学や文法論において個別的、部分的に触れられることはあったが、それに関する専門的、包括的な研究はなされなかった。本研究は、上古中国語の副詞型敬語について、その機能分類、意味分析および使用実例などについて考察したいと思う。

### 1.2 研究対象の時代範囲

本研究の対象は上古中国語(約 BC 11 世紀〜 3 世紀)である。上古中国語は、さらに上古前期(殷代末期の BC 11 世紀〜春秋時代中期の BC 6 世紀)、上古中期(春秋時代中期の BC 5 世紀〜戦国時代末期の BC 3 世紀)と上古後期(秦代の BC 3 世紀末〜後漢末期の 3 世紀)に分けることができる[1]。本研究は、前期においては『尚書』『詩經』『儀禮』、中期においては『論語』『左傳』『國語』『孟子』『莊子』『荀子』『韓非子』『公羊傳』、後期においては『戰國策』『史記』『漢書』をそれぞれ用例出典の文献として使用する。そして時代の境界をゆるやかに捉え、上古後期から中古への過渡期の西晋時代(265 〜 316 年)に成立した『三國志』、北魏宋(420 〜 479 年)に成立した『後漢書』をその記述内容と言語スタイルの連続性を勘案し上古後期の文献として加える[2]。用例の出典は上記資料に対する全数調査の結果に基づき、用例の選択は上古前期、中期、後期からそれぞれ最少 1 例ずつ出すことを原則とし、各時期のいずれかに用例がない場合はその時期の対象文献に使用例がなかったことを意味する。

## 2. 先行研究

上古中国語の名詞型敬語の対人関係機能について、春秋時代(BC 770 〜 BC 404)には『論語』『孟子』や『老子』などにおいてすでに意識され、戦国時代(BC 403 〜 BC 222)には『春秋穀梁傳』などにおいて「尊稱、卑稱、美稱」などのメタ言語を使って記述されていた[3]。しかし、管見の限りでは、上古中国語の副詞型敬語の対人関係機能について明確に意識され記述されたのは、漢代(BC 3 世紀〜 3 世紀)になってからである。後漢(25 〜 220 年)では鄭玄(137 〜 200 年)、趙岐(110 〜 201 年)、唐代(618 〜 907 年)では孔穎達(574 〜 648 年)、賈公彦(7 世紀、生没年不詳)、宋代(10 〜 13 世紀)では朱熹(1130 〜 1200)などの訓詁学者は副詞型敬語表現が持つ対人関係機能に注目し訓釈を施した[4]。

第 4 章　上古中国語の副詞型敬語の研究　89

（ 1 ）　敢用絜牲交剛鬣…『儀禮・士虞禮・43』p. 950
　　　（清められた豚などを（先祖祭りに）使わせていただきます）

　『儀禮』に現われた発話文例（1）の副詞「敢」について、漢代の鄭玄（137
～ 200 年）は「敢、昧冒之辭」（「敢」とは不躾を謝ることば）と解釈し、唐代
の賈公彦（7 世紀）は「凡言敢者皆以卑觸尊不自明之意」（「敢」とは、目下の
自分が目上の相手に接して身分の違いの自覚が足りないことを意味する表現
である）と解釈した。日本において「敢」の辞書項目の解釈として、江戸の
荻生徂徠（1666 ～ 1728 年）の『訓譯示蒙・4』（1714 年）では「遠慮氣遣ヒス
ル意」、釈大典（1719 ～ 1801 年）の『詩家推敲・上』においては「敬メイフ
辭」とそれぞれ訓釈した[5]。

（ 2 ）　昔者竊聞之。『孟子・公孫丑上・3』p. 94
　　　（昔これを（先生から）お聞きしておりました）
（ 3 ）　竊比於我老彭。『論語・述而・7』p. 93
　　　（老彭に比べさせていただきます）

　（2）の発話文について、漢代の趙岐（110 ～ 201 年）は「孟子言昔日竊聞師
言也、丑方問欲知孟子之德、故謙辭言竊聞也」（孟子は昔先生のことばを拝
聴したことに言及したが、丑方が孟子の仁德を知りたいと言うので、孟子は
謙譲表現を使って「竊聞」と言ったのである）と解釈し、「竊」の対人関係機
能について明確に「謙辭」というメタ言語を使って記述した[6]。
　（3）の発話文における「竊」について、唐代の孔穎達（574 ～ 648 年）は「不
敢顯言、故云竊也」（あからさまに言えないので、「竊」（ひそかに）と言うの
である）と訓釈し、宋代の朱熹（1130 ～ 1200 年）は「竊比、尊之之辭」（「竊
比」（ひそかに比べる）とは、相手を尊敬することば）と訓釈した[7]。
　清代の 17 世紀魏維新（生没年不詳）、陳雷（生没年不詳）の「助語辭補」
（1687 年）において「凡言竊聞、竊見、竊爲、竊以爲等類、皆是謙言在己之
私之意」（「竊聞、竊見、竊爲、竊以爲」などはすべて「みずから」という意

味を謙遜して言うもの）と記述し、18 世紀初頭に清代の劉淇（生没年不詳）は『助字辨略』(1711) において「凡云竊者、謙辭、不敢徑直以為如何、故云竊也」(「竊」とは謙譲表現である。直接どうこうと主張できないため、「竊」（ひそかに）と言うのである）と解説した[8]。日本において荻生徂徠は『訓譯示蒙・5』で「竊、私、潛、密、陰、側」を「謙辭」としてまとめて記述した[9]。

19 世紀になると、中国の言語研究は転換期に入り、意味・音韻の訓釈を中心とする訓詁学が衰退し、体系化を図る文法研究が台頭し始めた。その時期における言語研究の代表的な成果として王引之 (1766 〜 1834 年) の虚詞訓釈の専門書『經傳釋詞』(1815 年)、梁章鉅 (1775 〜 1849 年) の呼称辞典『稱謂録』(1848) と馬建忠 (1845 〜 1900) の文法研究『馬氏文通』(1898 年) が上げられる。『經傳釋詞』には敬語に関する記述がなく、『稱謂録』と『馬氏文通』では、名詞型敬語の一部は扱われたものの、副詞型敬語については触れられていない。

20 世紀に入ると、文法論、修辞学の研究が盛んに行われるようになった。副詞型敬語表現についても、文法現象とする見方と修辞現象とする見方という 2 つの捉え方が現われた。

楊樹達の『詞詮』(1928)、『高等國文法』(1930) を筆頭に、楊伯峻の『中國文法語文通解』(1936)、『文言語法』(1957)、張貽惠の『古漢語語法』(1957) などでは、副詞の下位分類の中で程度副詞、時間副詞などと並び「表敬副詞」というカテゴリーが設けられた。

一方、王力は、『漢語史稿』(1958)、『古代漢語』(1964) において副詞型敬語を文法の枠組みの中では扱わず、修辞現象として捉えていた。王 (1958) の「第 3 章語法的發展　第 35 節人稱代詞的發展」では、人称代詞の敬語体「礼貌式」について文法現象として分析、分類を行なったが、同章「第 38 節形容詞和副詞的發展」では副詞型敬語についてはまったく言及しなかった。ところが、王 (1964) は、副詞型敬語を修辞現象とする捉え方を示し、「委婉」（婉曲法）という修辞法の中で記述した。

日本の古代漢語文法論において、太田 (1964) では副詞型の敬語を扱わず、

牛島（1967）では副詞型敬語を独立に分類せず、判断副詞の中で記述している。

　20世紀後半、特に80年代以降になると、馬（1983）、王（1987）、康（1987）、劉・劉・遅（1987）、許（1988）、易（1989）、張（2004）、李（2004）などのように、古代中国語文法論において、副詞の下位分類として敬語副詞を認める研究が急増し、副詞型敬語を修辞的機能よりもコード化された文法機能として捉える見方が定着した。

## 3. 問題提起

　19世紀以前には、副詞型敬語の対人機能について、訓詁学において語彙レベルでの意味訓釈を通して記述されていたが、20世紀後半に入ると、文法論において敬語副詞という副詞の一類として記述されるようになった。ところが、これまでの敬語副詞の下位分類やその定義、分類基準を整理してみると、そこには大きな問題点が浮上した。

### 3.1　下位分類における混乱

　敬語副詞を認める研究の中で、まず下位分類をしないものと下位分類をするものに分けることができる。楊（1928）、楊（1972）、許（1988）、魯（1994）、崔（2004）、張（2004）などの研究は副詞型敬語を下位分類せずに「敬謙副詞」（または「表敬副詞」、「謙敬副詞」など）としてまとめている。一方、楊（1930）、楊（1936）、張（1957）、楊（1957）、馬（1983）、康（1987）、易（1989）、馬・張（1996）、侯（2003）、楊（2004）、李（2004）などは敬語副詞の中でさらに相手に敬意を表すものと自ら謙意を表すものという2つの類に区分している。下位分類を行う諸説とその分類内容は表1の通りである。

　ここでは用語を統一するために、上位概念としての敬語副詞を「敬謙副詞」と呼び、下位概念としての2種類の用語を「表敬副詞」と「表謙副詞」と呼ぶことにする。

　表1の語彙項目における下位分類の分布状況を見ると、「敢」は②、④、

表1　従来の敬語副詞分類

| 著者 | 副詞分類 | 下位分類 | 語彙項目 |
| --- | --- | --- | --- |
| ①楊（樹達）(1930) | 表敬副詞 | 尊人的表敬副詞 | 幸、惠、辱 |
| | | 自卑的敬讓副詞 | 伏、忝、竊 |
| ②楊（伯峻）(1936) | 表敬副詞 | 尊人的表敬副詞 | 幸、辱、惠、敢、敬 |
| | | 自卑的敬讓副詞 | 伏、忝、猥、竊 |
| ③張(1957) | 表敬副詞 | 表尊敬 | 幸、請、謹 |
| | | 表自卑 | 忝、猥、竊 |
| ④楊（伯峻）(1957) | 表敬副詞 | 表示尊人 | 幸、敢、辱、惠、敬、請、謹 |
| | | 表示敬讓 | 伏、忝、猥、竊 |
| ⑤馬(1983) | 表敬副詞 | 表示對別人的尊稱 | 幸、辱、惠、敢、敬、請、謹 |
| | | 表示自謙 | 伏、忝、猥、愚、竊 |
| ⑥康(1987) | 謙敬副詞 | 表示對對方恭敬 | 敬、請、謹 |
| | | 表示自己謙卑 | 忝、敢、竊 |
| ⑦易(1987) | 敬謙副詞 | 表敬意 | 幸、枉、辱、惠、将、敬、請、謹 |
| | | 表謙意 | 敢、竊 |
| ⑧馬・張(1996) | 謙敬副詞 | 表示對人的尊敬 | 幸、枉、辱、垂、敢、惠、敬、請、謹 |
| | | 表示自謙 | 伏、忝、猥、愚、竊 |
| ⑨侯(2003) | 表敬副詞 | 尊人的 | 幸、枉、垂、辱、敬、請、謹 |
| | | 卑自的 | 伏、忝、敢、猥、竊 |
| ⑩楊（小平）(2004) | 謙敬副詞 | 表敬副詞 | 伏、忝、竊 |
| | | 表謙副詞 | 敬、請、謹 |
| ⑪李(2004) | 謙敬副詞 | 表示敬重 | 幸、惠、辱、敬、請、謹 |
| | | 表示自謙 | 伏、敢、愚、竊 |

⑤、⑧の研究では「表敬副詞」類に入っているが、⑥、⑦、⑨、⑪では「表謙副詞」類に入っている。「謹、敬、請」は⑩では「表謙副詞」類だが、それ以外はその3項目を取り上げた研究ではすべて「表敬副詞」類として分類され、「伏、忝、竊」は⑩では「表敬副詞」類だが、それ以外はその3項目を取り上げた研究ではすべて「表謙副詞」類として分類されている。

　われわれは、このような分類上の不一致、混乱はなぜ生じたのか、その原因について明らかにする必要がある。

## 3.2 下位分類における定義設定の不備

　分類学におけるカテゴリー化作業には次のような分類原則がある。複数の成員が同じカテゴリーに属するためには、ある客観的で本質的な特徴を共有するという基本条件を満たさなければならない。たとえば、生物分類における魚というカテゴリーにはエラ呼吸という基本条件があり、そのカテゴリーに属する成分はその基本条件を満たす必要がある。鯨は中国において魚偏という文字形態による民間分類では魚の一種として分類されたが、生物分類においてはたとえ生息環境や外見が魚に似ていても、エラ呼吸という基本条件を満たさないため、魚類には分類されない。分類学におけるこのような分類原則は他の専門分野におけるカテゴリー化作業にも適用される。

　このような分類学の原則に基づいて敬語副詞の下位分類に関する従来の諸説を検証してみる。表1に上げられた諸説は、いずれも相手に対する尊敬（「尊、敬、恭」）と自らの謙遜（「謙、卑、譲」）という話者の心的態度を基準に、敬語副詞の下位分類を行った。諸説の間に命名上の違いはあるものの、基本的に敬語副詞は「表敬副詞」か「表謙副詞」のどちらかに分類されている。その分類のプロセスについて「敢」を例に次のように検証する。「敢」を「表敬副詞」に分類するためには、以下のような推論過程が想定される。

（１）　敬謙副詞の中で相手に敬意を表すものは表敬副詞である
（２）　「敢」は相手に敬意を表す
（３）　従って、「敢」は表敬副詞である

　この推論過程において想定される大前提（1）に対して、小前提（2）が真であれば、結論（3）が真であることが証明されることになる。ところが、現実には「敢」が「敬意を表す」かどうかは客観的な根拠に裏付けられる自明な事実とは言えない。「敬意」と「謙意」は話し手が抱く心理的要素のため、具体的な話者や発話場面などが定まらない意味論レベルでそれを特定することはできないはずである。しかも、「敬意」と「謙意」という概念は視点の違いによる同一感情の表と裏の関係で、相手への尊敬を示すことは自ら謙遜

することを前提とし、謙遜する感情も相手への尊敬、尊重の感情によって支えられる側面があるので、両者を互いに排他的な関係として捉えるのには大いに問題がある。たとえ「敢」が具体的な場面において使用される場合でも、その副詞が謙遜ではなく、相手への尊敬だけを表すことを客観的に証明することはできない。「敢」は「敬意」を表すか「謙意」を表すかを無理に適用させようとすれば、その判断は論者の主観的な裁量に委ねざるを得ない。その結果、表1のように分類が人によってまちまちになる。

「敬意を表す」という大前提(1)におけるカテゴリーの定義設定の不備と、小前提(2)の判断基準における客観性の欠如が表1のような分類上の混乱を引き起こした直接の原因だと考えられる。

## 4. 文法機能に基づく下位分類

言語における指示記号の形態(能記)と指示対象の意味概念(所記)との結合は、本質的に恣意的な関係である。分類上の命名における指示記号の形態と指示対象の概念内容との関係についても同じことが言える。われわれは学術用語が持つ字面の意味とその術語が指示する対象の定義とを厳密に区別する必要が有る。たとえて言えば、「海猫(うみねこ)」という動物について定義する場合、その命名上の「海の猫」という字面の意味に縛られることなく、「カモメ目の海鳥、全身白色、背、翼は蒼灰色、尾羽に黒帯がある」という動物学的な特徴に基づいて定義しなければならない。それと同じ原理でわれわれは「表敬副詞」と「表謙副詞」の分類基準を設定する際には、その名称が持つ「尊敬を表す」と「謙遜を表す」という字面の意味に縛られずに、その指示対象が持つ文法機能上の客観的な特徴に基づいて定義づける必要がある。

われわれはここで古代中国語における敬謙副詞について、次のように規定する。

敬謙副詞：人間関係を調節し、礼儀正しく、丁寧に振る舞うために使用され

る副詞群。

その下位分類について、文法関係を軸に、副詞と後続動詞の動作主との共起関係に基づいて次のように定義する。

表敬副詞：話し手以外の者が動作主となる述語動詞を限定し、その人の動作行為、心理状態を通して話し手の礼儀正しく、丁寧な態度を示すもの。
表謙副詞：話し手が動作主となる述語動詞を限定し、話し手の動作行為、心理状態を通して礼儀正しく、丁寧な態度を示すもの。

この定義に基づけば、敬謙副詞における「伏、忝、敢、謹、竊」の下位分類について、従来の諸説では揺れていたが、話者が動作主となる動詞としか共起できないため、すべて「表謙副詞」に分類されることになり、分類上の混乱は回避される。

従来「辱」と「忝」は、「恥じて、恥しく」という意味で、『毛詩』、『説文解字』、『廣韻』、『詞詮』などの意味解釈では、いずれも「忝、辱也」のように両方が同義語として扱われたが、ここの定義に従えば、両者は敬語として機能する場合、共起する動詞の動作主の立場が異なり、「辱」は話者以外の人物が動作主となる動詞と共起するのに対して、「忝」は話者が動作主となる動詞としか共起できないので、「辱」は「表敬副詞」に、「忝」は「表謙副詞」にそれぞれ分類されることになる。

そして、「請」、「猥」は古代中国語においては、聞き手が動作主となる動詞を限定する場合と、話者が動作主となる動詞を限定する場合とがあり、前者の場合は「～てください、～てくださる」、後者の場合は「～させていただく」という意味を表すが、従来の分類では、語彙形態上の同一性に基づき両語とも「表敬副詞」か「表謙副詞」のどちらかの１つに入れられたが、ここではその文法機能に基づいてそれぞれ２種類の用法に分けて分類する。

さらに、「敬」は、「敬って」という字義的意味の影響、「敬意を表す」と

いう術語定義上の不備により、従来の諸説の中で、⑩を除いてそれを取り上げた研究②、④、⑤、⑥、⑦、⑧、⑨、⑪ではすべて「表敬副詞」類とされてきたが、それは実際話者が動作主となる動詞としか共起できないので、ここでは「表謙副詞」に分類される。

最後に「屈」はこれまでの先行研究の中ではあげられていないが、筆者の調査で、相手が動作主となる動詞を修飾する用例が見つかったので、表敬副詞として入れる。以上の定義に基づいて古代中国語の敬語副詞について次のように体系化できる。（語彙項目の順位は画数に基づく）

表2　敬語副詞分類表

| 副詞分類 | 下位分類 | 語彙項目 | 字義的意味 | 敬語機能 |
|---|---|---|---|---|
| 敬謙副詞 | 表敬副詞 | 枉 | 枉げて | お～になる〜てくださる |
| | | 幸 | 幸いをもたらして | |
| | | 垂 | 垂れて | |
| | | 哀 | 哀れんで | |
| | | 辱 | 屈辱に耐えて | |
| | | 屈 | | |
| | | 惠 | 恵みをもたらして | |
| | | 猥 | 秩序を乱してまで | |
| | | 請 | 請って | ～てください |
| | 表謙副詞 | 伏 | 伏せて | お～する〜させていただく |
| | | 仰 | 仰いで | |
| | | 忝 | 恥じて | |
| | | 奉 | 奉って | |
| | | 承 | 承って | |
| | | 拝 | 拝んで | |
| | | 敬 | 敬って | |
| | | 敢 | 敢えて | |
| | | 愚 | 愚かにも | |
| | | 猥 | 身分を弁えずに | |
| | | 請 | 許しを得て | |
| | | 謹 | 謹んで | |
| | | 竊 | ひそかに | |

## 5. 敬謙副詞の例証

### 5.1 表敬副詞

　表敬副詞は、話し手以外の登場人物（聞き手、第三者）が動作主となる動詞を修飾し、その人の身体的、心理的状態を通して話し手の丁寧な態度を示す敬謙副詞を指す。「枉、幸、垂、哀、辱、屈、惠、猥、請」の９つが含まれる。これらの敬語表現は、完全に文法化、パターン化した形で機能するのではなく、それぞれの字義的な意味を残しながら、慣習化されたメタファーとして機能するという特徴を持っている。

#### 5.1.1 枉

　「枉」は、「枉げて」という字義的意味を通して、相手が高い身分にいながら、まげて低い身分の者に接することを表す。移動にかかわる動詞を修飾する。上古後期の文献に用例が現れている。

（４）　不遠千里、枉車騎而交臣。『戰國策・韓・27』p. 996
　　　　（遠いところからお会いにお越し下さいました）
（５）　將軍宜枉駕顧之。『三國志・蜀書・35』p. 921
　　　　（将軍様は自らお訪ねになった方がよろしゅうございます）

#### 5.1.2 幸

　「幸」は、「幸いをもたらして」という字義的意味を通して、身分の高い相手が身分の低い者に接することを表す。思考、教示、移動などにかかわる動詞を修飾する。上古中期と後期の文献に現れている。

（６）　願陛下幸察愚臣之計。『韓非子・存韓・2』p. 32
　　　　（私の提案についてぜひ陛下にお考えいただきたく存じます）
（７）　大王也幸赦臣。『史記・廉頗藺相如列傳・81』p. 2440
　　　　（大王様もご容赦くださいました）

(8) 今上客幸教以明制。『戰國策・楚・14』p. 510
(いまお客様が(秦王の)御判断をお示しくださいました)
(9) 將軍乃肯幸臨況魏其侯。『漢書・灌夫・52』p. 2385
(将軍様がわざわざ魏其侯の家にお出でになりました)

### 5.1.3 垂

「垂」は、「下向きに垂れて」という字義的意味を通して、身分の高い相手が身分の低い話し手に接することを表す。配慮、理解を表す動詞を修飾する。上古後期の文献に現れている。

(10) 此誠虛心垂慮。『三國志・魏書・15』p. 466
(これは誠に謙虚にご配慮くださった結果でございます)
(11) 惟垂省覽。『後漢書・朱樂何列傳・43』p. 1469
(ご覧になっていただきますようお願い申し上げます)

### 5.1.4 哀

「哀」は、「哀れんで」という字義的意味を通して、身分の高い相手が身分の低い話し手に接することを表す。認識、理解を表す動詞を修飾する。上古後期の文献に現れている。

(12) 特蒙哀識。『三國志・呉書・65』p. 1463
(わざわざご理解をお示し下さいました)
(13) 乞垂哀省。『三國志・呉書・65』p. 1463
(ご省察いただきますようお願い申し上げます)
(14) 惟蒙哀覽。『後漢書・光武十王列傳・42』p. 1438
(ご覧になって下さいますようお願い申し上げます)

### 5.1.5 辱・屈

「辱」「屈」は、「屈辱に耐えて」という字義的意味を通して、身分の高い

相手が身分の低い話し手に接することを表す。授受、存在、移動などを表す動詞を修飾する。「辱」は上古前期、中期と後期、「屈」は後期の文献に用例が現れている。

（15）　君無所辱賜于使臣。『儀禮・燕禮・15』p. 332
　　　　（君は辱くも使臣に賜うことはございません）
（16）　君與滕君，辱在寡人。『春秋左傳・隱公・4』p. 141
　　　　（君と滕君が私どもの所にお出でくださいました）
（17）　今陛下親屈萬乘，辱臨敝里。『後漢書・儒林列傳・79』p. 2562
　　　　（陛下が自らお出ましくださり、お越しくださいました）

### 5.1.6　惠

「惠」は、「恵みをもたらして」という字義的意味を通して、相手が話し手に何かをし「てくださる」という意味を表す。思考、配慮、教示などにかかわる動詞を修飾する。上古前期、中期、後期の文献に現れている。

（18）　子惠思我。『詩經・褰裳・7』p. 357
　　　　（思いをお寄せくださいました）
（19）　君若惠保敝邑…。『春秋左傳・昭公・50』p. 1637
　　　　（君が私どもをお助けくださるのであれば、（そうなさればよろしいですが）…）
（20）　子惠顧亡人。『國語・晋語・8』p. 292
　　　　（わざわざ亡命中の私をお訪ねくださいました）
（21）　昨奉嘉命，惠示雅數。『三國志・魏書・11』p. 368
　　　　（昨日お話を承り、お考えをお示しくださいました）

### 5.1.7　猥

「猥」は、「秩序を乱してまで」という字義的意味を通して、身分の高い相手が身分の低い話し手に接することを表す。任命、招喚、感情などを表す動

詞を修飾する。上古後期の文献に現れている。

(22) 猥重任臣。『三國志・呉書・56』p. 1314
　　　(大役をお任せくださいました)
(23) 不圖聖詔猥垂齒召。『三國志・魏書・19』p. 563
　　　(突然詔書が下され、都にお招きくださいました)
(24) 陛下猥發雷霆。『三國志・呉書・20』p. 1457
　　　(陛下がご立腹なさいました)

### 5.1.8 請

「請」は「願って」という意味から転意し、相手に依頼し、何かをし「てください」という意味を表す。様々な動詞、動詞句を修飾する。「請」の対人関係機能について、劉淇は『助字辨略』(1711 年 p. 171)で「以卑承尊、有所啓請、故云請也」(身分の低い者が高い者に接し、お願いするので「請」と言うのである)と記している。上古前期、中期と後期の文献に現れている。

(25) 請吾子之就宮，某將走見。『儀禮・士相見禮・7』p. 123
　　　(お先にお帰りになってください。こちらからお伺いに参ります)
(26) 然則君請處於此。『春秋公羊傳・宣公・16』p. 413
　　　(それではこちらの方にお越しください)
(27) 請立以爲燕王。『漢書・高帝紀・1』p. 58
　　　((大尉廬綰を)燕王としてお立てになって下さい)
(28) 請邯鄲將軍入。『後漢書・光武帝紀・1』p. 12
　　　(邯鄲将軍様、どうぞお入り下さい)

## 5.2 表謙副詞

　表謙副詞は、話し手が動作主となる動詞を修飾する敬謙副詞を指す。それには「伏、仰、忝、奉、承、拜、敬、敢、愚、猥、請、謹、竊」の 13 個が

含まれる。表謙副詞は、表敬副詞と同じように、敬語機能として完全に文法化、パターン化せず、話者の身体的、心理的状態を表す文字通りの意味を通して表される。

### 5.2.1　伏

「伏」は、「伏せて」という字義的意味を通して、「～させていただく」という意味を表す。思考、見聞などにかかわる動詞を修飾する。「伏」の対人関係機能について、劉淇は『助字辨略』(1711 年：237 ～ 238)で「凡云伏者、以卑承尊之辭也」(「伏」と言うのは、身分の低い者が高い者に接する場合の表現)と訓釈している。上古後期の文献に現れている。

(29)　臣伏計之，大王奉高帝宗廟最宜稱。『史記・孝文本紀・10』p. 416
　　　（私が思いますには、大王様は高帝の宗廟を奉祀なさった方が最も適切でございます）
(30)　臣伏觀陛下功德，陳五帝之上，在三王之右。『漢書・東方朔傳・65』p. 2860
　　　（陛下の功徳を拝見しますと、五帝三王を凌がれると存じます）
(31)　伏聞詔書，驚惶慙怖。『後漢書・鄧寇列傳・16』p. 613
　　　（詔書を承り、甚だ恐縮でございます）

### 5.2.2　仰

「仰」は、「仰いで」という字義的意味を通して、「～させていただく」という意味を表す。応答、授受、願望などを表す動詞を修飾する。上古後期の文献に現れている。

(32)　不能仰答陛下恩養之福。『三國志・魏書・11』p. 357
　　　（陛下がお恵みくださったご恩にお答え申し上げられません）
(33)　仰惟先帝，烝烝之情。『後漢書・肅宗孝章帝紀・3』p. 142
　　　（先帝の慈愛深いご恩情を承りました）

(34) 仰希陛下生活之恩。『後漢書・朱馮虞鄭周列傳・33』p. 1140
    (陛下が御恩情を賜りますように)


5.2.3 忝

「忝」は、「恥じて」という字義的意味を通して、恥ずかしいながら「〜させていただく」という意味を表す。主に官職につくという意味を表す動詞を修飾する。上古後期の文献に現れている。『尚書・尭典』には次のような記述がある。四岳が帝位を継ぐように命ぜられた時に「否德忝帝位」(私どもは徳行が少ないので帝位を辱めることになります) (p. 52) と答えた。この発話文に使われた「忝」は後続動詞がないのでそれ自体が動詞として働くが、敬語機能としては表謙副詞「忝」の原型とも言える用法である。

(35) 臣忝當大任，義在安國。『三國志・魏書・4』p. 146
    (大任をお引受けしたのは、国の安定のためでございます)
(36) 臣受恩偏特，忝任師傅。『後漢書・楊震列傳・54』p. 1778
    (過分なご寵愛をいただき、師傅の位に就かせていただきました)


5.2.4 奉

「奉」は、「奉って、差し上げて」という字義的意味を通して、「〜させていただく」という意味を表す。問答、見送りなどの意味を表す動詞を修飾する。上古前期と後期の文献に現れている。

(37) 奉答天命。『尚書・洛誥・15』p. 486
    (天帝のご命令にお応え申し上げます)
(38) 旦夕奉問起居。『漢書・哀帝紀・11』p. 333
    (朝晩お仕えさせていただきます)
(39) 今聞當見棄去，故自扶奉送。『後漢書・循吏列傳・76』p. 2478
    (こちらを発たれると伺いましたので、お見送りに参りました)

### 5.2.5 承

「承」は、「承って、引き受けて」という字義的意味を通して、「～させていただく」という意味を表す。主に授受、応答などの意味を表す動詞を修飾する。上古中期と後期の文献に現れている。

(40) 寡君聞命矣，敢不<u>承</u>受君之明德。『春秋左傳・隱公・4』p. 129
（寡君はご命令を承ります。君の仁徳あるお考えに従わせていただきます）

(41) 寡人不敢<u>承</u>受璽符。『三國志・呉書・48』p. 1155
（玉璽と符節をお受け取りするわけには参りません）

(42) <u>承</u>答聖問。『三國志・魏書・19』p. 570
（陛下のご質問にお答え申し上げます）

### 5.2.6 拜

「拜」は、「拝んで」という字義的意味を通して、「～させていただく」という意味を表す。主に授受、発言などにかかわる動詞を修飾する。上古後期の文献に現れている。

(43) 玉斗一雙，再<u>拜</u>奉大將軍足下。『史記・項羽本紀・7』p. 314
（玉器を一対再び将軍様にお贈りさせていただきます）

(44) 燕王藏荼昧死再<u>拜</u>言。『漢書・高帝紀・1』p. 52
（私、燕王藏荼は恐縮ながら再度ご説明申し上げます）

### 5.2.7 敬

「敬」は、「敬って」という字義的意味を通して、「～させていただく」という意味を表す。応答、随伴、授受などを表す動詞を修飾する。上古前期、中期、後期の文献に現れている。

(45) 敢不<u>敬</u>應。『尚書・益稷・5』p. 147

(謹んでお応え申し上げます)
(46) 敬共以往，遲速唯君。『春秋左傳・昭公・46』p. 1524
    (御伴させていただき、いつでも従わせていただきます)
(47) 敬受命。『史記・陳涉世家・48』p. 1952
    (謹んでご用命を承ります)
(48) 敢不敬承。『後漢書・光武帝紀・1』p. 22
    (承知いたしました)

### 5.2.8 敢

「敢」は、「あえて」という字義的意味を通して、はばかりながら「〜させていただく」という意味を表す。主に言動や思考にかかわる動詞を修飾する。上古前期、中期、後期の文献に現れている。

(49) 敢昭告于上天神后。『尚書・湯誥・8』p. 238
    (天帝様にはっきりお告げ申し上げます)
(50) 敢問何謂禮？『春秋左傳・昭公・51』p. 1666
    (礼とは何かをお尋ねいたします)
(51) 不敢忘先生之言。『戰國策・楚一・14』p. 489
    (先生のおことばを忘れるわけには参りません)
(52) 臣敢言艾不反之狀。『三國志・魏書・28』p. 782
    (鄧艾に謀反の事実がないことをご説明申し上げます)

### 5.2.9 愚

「愚」は、「愚かに」という字義的意味を通して、「〜させていただく」という意味を表す。思考、認識を表す動詞を修飾する。上古中期、後期の文献に現れている。

(53) 臣愚患智之如目也。『韓非子・喩老・21』p. 290
    (人の知恵は(近すぎる所が見えない)目に似ているのではと心配して

おります）

(54) 臣愚以爲天下所急除者二賊。『三國志・魏書・28』p. 761
　　（私が思いますには、（呉と蜀）二賊を滅ぼすのが天下の急務でございます）

(55) 愚不知忌諱，當死。『漢書・東方朔傳・65』p. 2852
　　（私は忌みタブーを知らず、死罪に当たります）

(56) 臣愚以爲更衣在中門之外。『後漢書・肅宗孝皇帝紀・3』p. 131
　　（皇后様の更衣室は正殿中門の外にあるはずだと思っておりました）

### 5.2.10　猥

「猥」は、「身分を弁えずに、僭越して」という字義的意味を通して、「～させていただく」という意味を表す。授受を表す動詞を修飾する。上古後期の文献に現れている。

(57) 猥蒙厚恩。『漢書・谷永・85』p. 3465
　　（ご厚意を承ります）

(58) 而今猥受過寵。『後漢書・楊震列傳・54』p. 1774
　　（過分なご寵愛を頂戴いたしております）

(59) 今我微勞，猥饗大縣。『後漢書・馬援列傳・24』p. 841
　　（微々たる功労なのに、広大な土地を承りました）

### 5.2.11　請

「請」は、「許しを得て」という意味から転意し、「～させていただく」という意味を表す。言動や見聞などにかかわる様々な動詞を修飾する。上古中期、後期の文献に現れている。

(60) 請問其目。『論語・顏淵・12』p. 177
　　（その具体的な内容をお尋ねいたします）

(61) 臣請復於寡君。『春秋左傳・昭公・53』p. 1749

(わが君に報告させていただきます)

(62) 王好戰，請以戰喩。『孟子・梁恵王上・1』p. 11
(王様は戦いがお好きなようなので、戦いで喩えさせていただきます)

(63) 臣請見韓、魏之君。『戰國策・趙一・18』p. 590
(韓、魏の君に会わせていただきます)

(64) 寡人請聽子。『史記・張儀列傳・70』p. 2284
(先生のお話を聞かせていただきます)

### 5.2.12 謹

「謹」は、「謹んで」という字義的意味を通して、「～させていただく」という意味を表す。授受、派遣、遭遇、見聞などの意味を表す動詞を修飾する。上古中期と後期の文献に現れている。

(65) 謹奉千金以幣從者。『莊子・説劍・30』p. 764
(千金を従者に贈らせていただきます)

(66) 謹使臣良奉白璧一雙。『史記・項羽本紀・7』p. 314
(臣下の張良を通して白璧を一対贈らせていただきます)

(67) 常謹遇之。『史記・扁鵲倉公列傳・105』p. 2785
(度々お目にかかります)

(68) 謹聞教。『漢書・呉王劉濞・35』p. 1910
(ご教示をお聞かせいただきます)

### 5.2.13 竊

「竊」は、「ひそかに、こっそりと」という字義的意味を通して、はばかりながら「～させていただく」という意味を表す。見聞、思考、感情などにかかわる動詞を修飾する。上古中期と後期の文献に現れている。

(69) 今臣竊聞貴臣之計。『韓非子・存韓・2』p. 25
(ただ今大臣方のご意見をお聞きしました)

(70)　臣竊以爲其人勇士。『史記・廉頗藺相如列傳・81』p. 2440
　　　（私が見ますところ、その男は勇士でございます）
(71)　臣竊爲陛下羞之。『漢書・劉向・36』p. 1956
　　　（陛下のために恥ずかしく思っております）
(72)　臣竊憂之。『後漢書・竇融列傳・23』p. 805
　　　（私はたいへん憂慮いたしております）

## 6.　結び

　以上、上古中国語における副詞型敬語の機能分類、意味特徴、使用例などについて考察した。現代中国語において、これらの副詞の中で「請」の2つの用法以外はすべて使用されなくなり、体系としての「敬謙副詞」はもはや存在しなくなった。上古中国語の「敬謙副詞」がどの時代に、なぜ、どのように衰退したかなどを明らかにするためには、中古から近・現代までの変遷過程をたどる必要がある。本章における上古中国語の敬語副詞体系の記述はその通時的変遷をたどる第一歩になろう。

**注**
1　王(1958: 35)説と徐(2003: 13)説を参照。
2　『尚書』には一部上古後期前漢(前206～8年)の孔安国や東晋(317～420年)の梅賾の偽作とする説があり、『公羊傳』は漢代以前には口承で伝えられ、漢代になってから書き記されたものであり、『戰國策』、『史記』には上古中期の文献資料に基づいて編集した部分があり、言語表現の正確な使用時代について断定しかねるところはあるが、いずれも上古中国語の範囲内に納まることには大きな異論はない。
3　『論語・季氏』では「邦君之妻、君稱之曰夫人、夫人自稱曰小童、邦人稱之曰君夫人、稱諸異邦曰寡小君、異邦人稱之亦曰君夫人也」、『孟子・盡心章句下』では「人能充無受爾汝之實、無所往而不爲義也」、『老子・法本』では「貴以賤爲本、高以下爲基、是以侯王自謂孤、寡、不穀」、『春秋穀梁傳・哀公』では「王、尊稱

也、子、卑稱也」、『春秋穀梁傳・隱公』では「父猶傅也、男子之美稱」とそれぞれ記述されている。
4　本章での人名提示方法について、原則として19世紀以前のものはフルネームと生没年を表示し、20世紀以降のものは文献作者の名字と出版年だけを表示する。
5　『儀禮注疏』p. 950、『漢語文典叢書』p. 46、p. 371。
6　『孟子注疏』p. 94。
7　『四書章句集注』p. 93、『論語注疏』p. 93。
8　『助語辭』p. 144、『助字辨略』p. 258。
9　『漢語文典叢書』p. 64。

**用例出典**
班固　1世紀『漢書』(二十四史點校本　中華書局 1997)。
陳壽　3世紀『三國志』(二十四史點校本　中華書局 1997)。
范曄　5世紀『後漢書』(二十四史點校本　中華書局 1997)。
黄懷信(2005)『大戴禮記彙校集注』三秦出版社。
李學勤(2000)『尚書正義』北京大學出版社。
李學勤(2000)『毛詩正義』北京大學出版社。
李學勤(2000)『儀禮注疏』北京大學出版社。
李學勤(2000)『春秋左傳正義』北京大學出版社。
李學勤(2000)『春秋公羊傳注疏』北京大學出版社。
李學勤(2000)『春秋穀梁傳注疏』北京大學出版社。
李學勤(2000)『論語注疏』北京大學出版社。
李學勤(2000)『爾雅注疏』北京大學出版社。
李學勤(2000)『孟子注疏』北京大學出版社。
劉向　前1世紀『戰國策』(上海古籍出版社 1998)。
司馬遷　前1世紀『史記』(二十四史點校本　中華書局 1997)。
王聘珍　19世紀『大戴禮記解詁』(十三經清人注疏　中華書局 1983)。
徐元誥(1925)『國語集解』(中華書局 2002)。
遠藤哲夫、市川安司(1967)『莊子』明治書院。
竹内照夫(1960)『韓非子』明治書院。

# 第5章　漢代鄭玄が訓釈した古代中国語の対人関係機能について
―歴史語用論のアプローチ

## 1. はじめに

　歴史語用論をテーマとする研究は、少なくとも2つの流れを踏まえる必要がある。1つは、語用論という術語の使用いかんにかかわらず、歴史言語における語用論レベルの現象を扱う研究、いわゆる語用論研究の前史とも言える流れである。もう1つは、20世紀後半に現れた語用論研究の理論的枠組みや方法論を歴史言語に応用した研究の流れである。語用論研究のテーマの1つとして言語の対人関係調節機能について言えば、欧米の歴史言語におけるhonorifics研究や、中国語、日本語における伝統的な敬語研究が前者の流れを形成し、Leech (1983) やBrown & Levinson (1987) などのポライトネス理論による歴史言語への応用研究は後者の流れを形成する。

　東アジアには、言語の対人関係機能に注目する長い歴史と伝統がある。それに関する言語データにせよ、解説資料にせよ膨大な情報が蓄積されている。金水 (2006: 68) が指摘したように、印欧語の外に、中国語や日本語は「歴史文献資料が大きなとぎれなく」続いているため、今後歴史語用論に貢献する上で大きな利点となっている。

　20世紀80年代において、Leech (1983: 137) は「謙遜の原則」(Modesty Maxim)、Levinson (1983: 92–94) は「社会的直示」(social deixis)、そしてBrown & Levinson (1987: 179–181)は「ネガティブ・ポライトネス」(negative politeness) などの議論において、それぞれ中国社会や日本社会、日本語の敬語現象などを自らのポライトネス理論の中で解釈しようとする試みが見られ

た。その後の 20 年の間にポライトネス理論に基づく研究は、多言語間の比較や歴史言語への応用など時空ともに大きな広がりを持つようになった。いまは東アジアの伝統的な敬語研究と現代の語用論におけるポライトネス研究との接点を探る機が熟しつつあるように思われる。

## 2. 研究概要

### 2.1 研究目的

　古代中国において、敬語・ポライトネス問題は訓詁学者の間で大きな関心事であった。漢代の訓詁学者、前漢（BC 206 〜 AD 8 年）の孔安国、揚雄や後漢（25 〜 220 年）の鄭玄、趙岐、何休などの訓詁資料には、ことばの対人関係機能、敬語・ポライトネス関連の術語として「尊称、謙称、美称、卑称、賤称、通称、謙辞、卑辞」などが多く使われていた。その中でも特に鄭玄が敬語訓釈に使ったメタ言語は、量的にも多く、内容においても外に類を見ないほどバラエティに富んでいる。

　本章は、東西語用論研究の接点を探る試みの 1 つとして、歴史語用論の観点から、中国漢代（BC 206 〜 AD 220 年）の訓詁学者が周代（BC 1020 〜 BC 256 年）のことばを研究する際に、その語用論レベルの現象、人間関係の調節機能についてどのように捉えていたか、その敬語・ポライトネス解釈の実態を明らかにし、その言語研究における学術的または学術史的な位置づけについて論じたいと思う。

### 2.2 先行研究

　中国語に関する歴史語用論の先行研究として、彭（1993、1995、2001）、Skewis（2003）などを上げることができる。彭（1993）は Leech（1983）の「丁寧さの原理」（Politeness Principle）における「是認の原則」（Approbation Maxim）や「謙遜の原則」（Modesty Maxim）を軸に「価値的評価の原則」とその下位方略群を抽出することにより 17 〜 18 世紀の近代中国語の敬語現象を記述し、彭（1995）は 17 世紀の口語体小説『金瓶梅詞話』の会話文に現

れた「年齢質問」発話行為が持つさまざまなバリエーション、直接・間接発話行為が持つポライトネス機能およびそれらと発話参与者の社会的属性との関連について考察したが、彭（2001、本書第3章）は語用論におけるポライトネス研究の視点から『禮記』（前3世紀）に倫理規範として記述された言語行動、発話行為の禁則について分析した。Skewis（2003）では、18世紀の口語体小説『紅樓夢』における依頼発話行為の直接表現や呼称表現およびポライトネス・マーカー「請」が持つ対人関係機能などについて考察した。

　本研究は、これまでの先行研究を踏まえながら、研究史的な視点を導入し、漢代の訓詁学者が周代のことばの語用論的現象に対する解釈の実態を解明したいと思う。

## 2.3　研究対象

　訓詁学とは古代中国における言語研究の一形態で、ことばの意味解釈を中心とし、音韻、表記、文法、発話含意、時代変化、地域変異などの解釈を含めた総合的な学問領域である。訓詁学は、その起源を辿れば周代にまで遡ることができる。周代の文献『論語』『老子』『孟子』『荀子』などには、断片的ではあるが、すでにことばの意味領域、時代変化、地域変異などに関する訓詁記述が出現した。漢代になると、訓詁学は質量ともに大きく発展し、訓詁を専門とする学者が輩出した。

　鄭玄（127～200年）は漢代を代表する訓詁学者の一人である。『後漢書・張曹鄭列傳』によれば、鄭玄は、漢代の訓詁学者馬融（79～166年）に師事したが、学業を終え故郷の北海高密（今山東省）に帰った後、官職の誘いを断り訓詁研究に専念したと記載されている。後世は、漢代を代表する訓詁学者として鄭玄の研究を、『説文解字』を著した許慎（58～147年）の「許学」に並べ「鄭学」と称した。

　鄭玄が生涯訓釈した書物は80種類にものぼったと言われるが、その多くはすでに散逸した。今に伝わったものには『詩經』『禮記』『周禮』『儀禮』への訓注があり、外に転注、引用などによって間接的、部分的に伝わったものには、『尚書』『孝經』『論語』『周易』の注釈などがある。

本研究は、『十三經注疏・阮元刻本』を底本とする『十三經注疏・整理本』(その内の『毛詩正義』『禮記正義』『周禮注疏』『儀禮注疏』)(北京大学出版社)、『大戴禮記解詁』(中華書局)、『大戴禮記彙校集注』(三秦出版社)、『尚書今古文注疏』(中華書局)、『唐抄本鄭氏注論語集成』(平凡社)および『鄭氏佚書』(その内の『易注』『尚書注』『孝經注』『春秋傳服氏注』)(東京大学所蔵)における鄭玄の訓釈文を考察の対象とする。

### 2.4 研究方法

歴史語用論の研究方法について、これまで17世紀頃の小説『金瓶梅詞話』を考察した彭 (1995) や、16世紀のシェイクスピア悲喜劇を考察した Kopytko (1995) などのように、Leech (1983) や Brown & Levinson (1987) のポライトネス理論をベースに、それらの理論を検証し、補強するという演繹的な方法が多く使われてきたが、本研究は、2世紀頃の中国の訓詁学者が行った言語解釈を客観的に見るために、最初から特定のポライトネス理論によってデータを制限せず、実証研究の立場から、対象文献の全数調査を通して鄭玄が施した対人関係機能に関わる訓釈データを網羅的に収集し、帰納的な方法を使ってデータの分析を行う。

研究の手順として、まず上記文献の中で鄭玄が訓釈した対象言語の原文と鄭玄が使ったメタ言語の内容を提示する。そして原文と訓釈文に対して意味を解説し、その文脈的、社会的な背景および関連のある他の訓詁学者の解釈などについて補足説明を行う。最後に、鄭玄が訓釈した対象言語の性質、表現特徴について分析し、現代語用論研究の立場から鄭玄の敬語訓釈に見られる方法論的特徴を明らかにする。

## 3. 鄭玄の対人関係機能の術語とその訓釈例

対象文献の中で鄭玄が行った言語の対人関係機能にかかわる訓釈は延べ58回である。その中で訓釈に使用された術語は34個である。34個の術語はそれぞれ異なるテキストやコンテクストにおいて使われ、「謙稱、謙辭、

第 5 章　漢代鄭玄が訓釈した古代中国語の対人関係機能について　113

謙」などのように類似した用語が複数使用されたため、ここでは鄭玄が使用した術語の表現内容に基づいて表 1 のように 7 種類にまとめて整理する。

表 1　鄭玄の対人関係機能述語一覧

| 分類 | 術語(使用延べ回数) | 合計 | |
|---|---|---|---|
| ①尊敬表現類 | 尊稱(2)、尊敬辭(1)、稱所尊敬之辭(1)、尊之(2)、應敬之辭(1)、恭(2) | 9 | 58回 |
| ②謙讓表現類 | 謙稱(1)、謙辭(2)、自謙之辭(1)、言之謙(1)、謙(15) | 20 | |
| ③美化表現類 | 美稱(4)、美之辭(1)、美言(1) | 6 | |
| ④失敬表現類 | 非敬辭(1)、不敬(1) | 2 | |
| ⑤親密表現類 | 親之辭(1)、相親之辭(1)、彌親之辭(2)、親親之辭(2)、親愛之言(1) | 7 | |
| ⑥身分表現類 | 賤稱(2)、卑稱(1)、貧賤之稱(1)、有德之稱(1)、尊適卑(1)、於卑者曰賜、於尊者曰獻(1)、尊卑異文(1) | 8 | |
| ⑦其他の表現 | 殷勤(1)、殷勤之言(1)、殷勤之意(1)、昧冒之辭(1)、各以其義稱(1)、通稱(1) | 6 | |

これから表 1 の分類に沿って、鄭玄が訓釈した周代のことばの表現内容と鄭玄が使用した訓釈術語の意味内容について逐一解説を行う。

### 3.1　尊敬表現類

尊敬表現類の術語による訓釈は全部で 9 例あり、使用された術語は「尊稱、尊敬辭、稱所尊敬之辭、尊之、應敬之辭、恭」の 6 つである。これらの術語のいずれにも尊敬の意味を表す 3 つのキーワード「尊」、「敬」、「恭」のどれかが含まれている。この 3 つのキーワードの使用が「尊敬表現類」としてまとめた根拠である。

（1）「維師尚父」鄭玄注：「尚父，呂望也，尊稱焉」『毛詩正義・16』p. 1144
（ここに軍隊を率いる太公望呂尚がいらっしゃる）鄭玄注：(「尚父」とは呂望のことで、尊称である)[1]

（2）「鄉老、二鄉則公一人」鄭玄注：「老，尊稱也」『周禮注疏・9』p. 264
（鄉老は公が 1 人で 2 つの鄉を担う官職）鄭玄注：(「老」は尊称であ

る）

　鄭玄は、（1）では周代の名相太公望呂尚の名前に「父」をつけて呼ぶことについて「尊稱」と訓釈した。この訓釈は家父長制社会における「父」という語が父親以外の人に使用される場合に持つ語用論的対人機能に対する解釈である。（2）では地方官吏という身分表現「郷」に「老」をつけて呼ぶことについて「尊稱」と訓釈している。これは、「敬老」の価値観を持つ古代中国社会において「老」ということばが持つ語用論的対人機能に対する解釈である。『禮記・曲禮上』では「恒言不稱老」（普段話をする時に「老」と自称してはならない）と記し、現代中国語でも「〜老」、「老〜」がしばしば相手への尊敬表現として機能しているが、鄭玄の「尊稱」という訓釈は中国語研究史上「老」に対する初の敬語認定と言うことができる。

（3）「跪奉觚曰賜灌」鄭玄注：「言賜灌者，服而爲尊敬辭也」『大戴禮記解詁・12』p. 242
　　（跪いて杯を手に取り「お酒をお注ぎいただきます」と言う）鄭玄注：（「賜灌」と言うのは、承服し相手に尊敬の意を示す表現である）

（4）「畏子不敢」鄭玄注：「子者，稱所尊敬之辭」『毛詩正義・4』p. 314
　　（あなたが一緒になってくださらないだろうと心配する）鄭玄注：（「子」とは尊敬する者を称することばである）

（5）「皇尸載起」鄭玄注：「皇，君也…尸稱君，尊之也」『毛詩正義・13』p. 960
　　（祭りで祖先の霊の代わりになる人「尸」が立ち上がる）鄭玄注：（「皇」は君である。…「尸」を「君」と呼ぶのはそれを尊ぶためである）

（6）「師尚父左杖黃鉞」鄭玄注：「號曰尚父尊之」『鄭氏佚書・尚書注五』p. 12
　　（師尚父は青銅のまさかりを手に持たれる）鄭玄注：（「尚父」と言うのはそれを尊ぶためである）

第5章　漢代鄭玄が訓釈した古代中国語の対人関係機能について　115

　(3)では競技で負けた者が杯を手に取り「賜灌」と言うことについて「服而爲尊敬辭也」(承服し相手に尊敬の意を示す表現)、(4)では男性に対して「子」と言うことについて「稱所尊敬之辭」(尊敬する者を称することば)と説明し、(5)では死者を「皇」と呼ぶこと、(6)では呂尚を「尚父」と呼ぶことについてそれぞれその対人機能として「尊之」(それを尊ぶ)と訓釈している。

(7)　「曾子曰唯」鄭玄注：「唯者，應敬之辭」『鄭氏注論語』p. 50
　　　(曾子は「唯」と言う)鄭玄注：(「唯」とは敬意をもって応答することばである)
(8)　「先生召無諾，唯而起」鄭玄注：「應辭，唯恭於諾」『禮記正義・2』p. 53
　　　(先生に呼ばれたら「諾」と言わずに「唯」と言って立ち上がる)鄭玄注：(応答のことば、「唯」(はい)は「諾」(うん)より丁寧である)

　(7)では曾子が孔子に対して応答した感嘆詞「唯」について「應敬之辭」(敬意をもって応答することば)と訓釈し、(8)では先生に呼ばれて「諾」と言わず「唯」と答えることについて、「唯恭於諾」(「唯」は「諾」より丁寧だ)と訓釈したが、(8)の訓釈はことばの丁寧さの相対的な違いを明確に指摘したものである。

(9)　「思齊大任，文王之母」鄭玄注：「大任言京，見其謙恭，自卑小也」『毛詩正義・16』p. 1183
　　　(厳かな大任、文王の母)鄭玄注：(「大任」とは王室を指す。それは謙遜と尊敬の気持ちを表すもので自ら卑しめて「小」と見なす)

　(9)では周の王室について「大任」と表現したことについて、「自卑小也」(自ら卑しめて「小」と見なす)と訓釈している。ここでは王室に「大〜」と表現する場合の尊敬含意「恭」と、自ら「小」と位置づける場合の謙遜含意

「謙」とを関連付けて、両者を表裏一体の現象として解釈している。『鄭氏佚書』における『尚書・夏書注四』(p.1)では、「大戰于甘」に対して鄭玄は「天子之兵故曰大」(天子の軍隊なので「大」と言う)と注釈しているが、この「大」は(9)の訓釈にも通じ指示対象の実際の規模というより、社会的ステータスに基づく尊敬表現である。

### 3.2 謙譲表現類

謙譲表現類の術語による訓釈例は全部で20例で、鄭玄の対人関係機能訓釈の中で最も多かった。使用された術語は「謙稱、謙辭、自謙之辭、言之謙、謙」の5つである。謙譲、謙遜を表すキーワード「謙」の使用が分類の根拠となる。

(10) 「於内自稱曰不穀」鄭玄注：「與民言之謙稱」『禮記正義・5』p.159
（諸侯は国内では「不穀」と自称する）鄭玄注：（国民に対して言う時の謙称である）

(11) 「其與民言自稱曰寡人」鄭玄注：「謙也，於臣亦然」『禮記正義・5』p.166
（諸侯は国民に対して「寡人」と自称する）鄭玄注：（謙遜で、臣下に対しても同様である）

(12) 「天子曰予一人」鄭玄注：「謙，自別於人而已」『禮記正義・30』p.1081
（天子は「予一人」と自称する）鄭玄注：（謙遜で、自ら他人と区別している）

(13) 「天子未除喪曰予小子」鄭玄注：「謙，未敢稱一人」『禮記正義・4』p.147
（天子は喪があけていない時には「予小子」と自称する）鄭玄注：（謙遜で、遠慮して「一人」とは言わない）

鄭玄は、(10)では国王の自称詞「不穀」について「謙稱」と訓釈し、(11)では国王の自称詞「寡人」、(12)では天子の自称詞「予一人」、(13)では喪

があけていない若い天子の自称詞「予小子」についてそれぞれ「謙」と訓釈している。(10)〜(13)の訓釈により、周代における「不穀、寡人、予一人、予小子」などの自称詞には、字義的意味による謙譲機能と、諸侯、天子しか使えないという位相に基づく絶対敬語としての機能の両方が備わっていたことが分かる[2]。

(14) 「自稱其君曰寡君」鄭玄注：「寡君，猶言少徳之君，言之謙」『禮記正義・51』p. 1641
 （自国の君を「寡君」と言う）鄭玄注：（「寡君」とは徳行の少ない君を意味し、表現上の謙遜である）

(15) 「寡君有不腆之酒」鄭玄注：「寡，鮮也，猶言少徳，謙也」『儀禮注疏・15』p. 331
 （うちの国王は粗酒を用意しております）鄭玄注：（「寡」は少ない。徳行が少ないことを意味し、謙遜である）

　(14)(15)では諸侯国の使者が他国の者に向かって自国の君を「寡君」と称することについて鄭玄はいずれも「寡」の字義的意味「少ない」と発話含意「謙遜」の両方を説明している。

(16) 「蓋天子之孝也」鄭玄注：「蓋者謙辭」『鄭氏佚書・孝經注』p. 4
 （これが概して天子の孝道である）鄭玄注：（「蓋」は謙辞である）[3]

(17) 「某有枉矢哨壺」鄭玄注：「枉、哨，不正貌，爲謙辭也」『大戴禮記解詁・12』p. 240
 （私は粗末な矢と壺を持っております）鄭玄注：（「枉、哨」とは形が整わない様子、謙辭である）[4]

(18) 「寡人不佞」鄭玄注：「佞才也。不才者，自謙之辭也」『鄭氏佚書・春秋傳服氏注八』p. 4
 （私、不敏な者でございます）鄭玄注：（「佞」は才能である。才能がないと言うのは、自ら謙遜することばである）

(16)では副詞「蓋」について「謙辭」、(17)では自分が持っている「矢」と「壺」を「枉」(曲がった)、「峭」(歪んだ)と表現する現象について「謙辭」、(18)では自ら「不佞」(不敏だ)と表現することについて「自謙之辭」(自ら謙遜することば)とそれぞれ訓釈している。

(19) 「敢請女爲誰氏」鄭玄注：「誰氏者，謙也，不必其主人之女」『儀禮注疏・6』p. 117
　　(恐れ入りますが、お嬢様の姓氏をお尋ねします)鄭玄注：(姓氏を尋ねるのは謙遜で、その主人の実の娘である必要がないことを意味する)

　(19)では求婚の場面で身分の高い者に対してその娘の姓氏を聞くことについて、鄭玄は「謙遜している」と訓釈し、その理由について「その主人の実の娘である必要がない」からだと説明している。これは、「自分には図々しくも身分の高いお宅の実の娘をいただくなんて高望みはしておらず、姓氏が異なる養女や義理の娘でもぜひ嫁にいただきたい」という話者の対人的配慮に基づく謙遜含意に対する訓釈である。

(20) 「丘也小人，不足以知禮」鄭玄注：「謙不答也」『禮記正義・50』p. 1603
　　(わたくし孔丘は身分の低い者で、礼について十分な知識を持っておりません)鄭玄注：(謙遜して答えなかった)
(21) 「某固願聞名於將命者」鄭玄注：「即君子之門，而云願以名聞於奉命者、謙遠之也」『禮記正義・17』p. 1181
　　(私の名をお使いの方にお伝えしたく存じます)鄭玄注：(身分の尊い君子に会う時、お使いの人に名を告げたいと言うのは、謙遜して遠ざけるからである)

　(20)では、礼について聞かれた時に、孔子が身分が低く礼についてよく知らないことを理由に即答を避けたことについて、鄭玄は「謙遜して答えな

かった」と訓釈したが、(21)では身分の高い初対面の相手に名前を告げる場合に間接的に表現することについて、鄭玄は「謙遠之」(謙遜して遠ざける)と訓釈した。

(22) 「豈曰無衣六兮」鄭玄注:「變七言六者，謙也。不敢當侯伯，得受六命之服，列於天子之卿」『毛詩正義・6』p. 466
（正服を六着持っていないだろうか）鄭玄注:（七を六に変えて言うのは謙遜するからだ。遠慮して諸侯と並ばず、六着の服を受け、天子の卿に並ぶ）

(22)では『詩經・唐風』の詩文「豈曰無衣六兮」に対して、鄭玄は「七を六に変えて言うのは謙遜するからだ」と注釈し、その理由について「遠慮して諸侯と並ばず、六着の服を受け、天子の卿に並ぶ」と説明している。文脈情報を補って説明すると、周代では諸侯は天子から正装として七着の衣服を授かり、卿は六着の衣服を授かることになっていたが、話者の晋武公は晋国を併合したばかりの新しい諸侯で、周天子の使者に対して七着の衣服を授かりたいと願う一方で、謙遜して自ら卿に並び「六」と言ったということである。つまり、鄭玄が「謙」と解釈したのは、「六」という数量詞そのものではなく、身分にかかわる本来の数を減らし控えめに表現するという修辞法による対人機能である。

(23) 「夫人曰寡小君不禄」鄭玄注:「君夫人不稱薨，告他國君，謙也」『禮記正義・40』p. 1348
（夫人の死を「寡小君不禄」と言う）鄭玄注:（自国の君夫人の死を「薨」と言わないのは他国の君に知らせる時に謙遜するからである）

『禮記・曲禮』では「天子死曰崩、諸侯曰薨、大夫曰卒、士曰不禄、庶人曰死」（天子の死は「崩」、諸侯は「薨」、大夫は「卒」、士は「不禄」、庶民は「死」と言う）と記述されているが、(23)では君夫人が亡くなる時に、自

国使者が他国に対して「不禄」と知らせることについて、鄭玄は「「薨」と言わないのは他国の君に知らせる時に謙遜するからだ」と訓釈している。鄭玄の訓釈には、君夫人が亡くなる時に通常では上位の身分に使われる「薨」と称することが含意される。鄭玄の訓釈により古代中国語の「死」の異形表現は『禮記・曲禮』で記述されたような身分の上下関係だけではなく、自国、他国というウチとソトの関係も影響していたことが明らかになる[5]。

(24) 「寡君有宗廟之事，不得承事，使一介老某相執綍」鄭玄注：「言欲入視喪所不足而給助之，謙也」『禮記正義』p. 1389
(自国の君が祭事のため来られないので、自分が代わりに「綍」(なわ)を引くなど弔いのお手伝いに参りました)鄭玄注：(葬式に必要なものを見てお手伝いしたいと言うのは謙遜するからである)

(25) 「某固願見」鄭玄注：「願見，願見於将命者，謙也」『禮記正義・35』p. 1182
(ぜひお目にかかりたい)鄭玄注：(会いたいとは相手のお使いの人に会いたいという意味で、謙遜である)

(26) 「問品味，日子，亟食於某乎」鄭玄注：「不斥人，謙也」『禮記正義・35』p. 1187
(食べ物の味について尋ねる時「その食べ物をよく召し上がりますか」と言う)鄭玄注：(人にストレートにものを聞かないのは謙遜するからである)

鄭玄は、(24)では他国の葬式に参列する使者のあいさつのことば、(25)では話者が会いたいと言うこと、そして(26)では食べ物の味について尋ねる時の表現についてそれぞれ「謙也」と訓釈している。この3例はいずれも間接発話行為が持つ丁寧さの含意に関する訓釈である。

(27) 「爲人祭日致福，爲己祭而致膳於君子日膳」鄭玄注：「自祭言膳、謙也」『禮記正義・35』p. 1221

(他人の先祖を祭る時には「致福」と言い、自分の先祖を祭る時に君子に分け与える場合には「膳」と言う）鄭玄注：（自分の先祖を祭る時に「膳」と言うのは謙遜である）

(28) 「予未有知, 思日贊贊襄哉」鄭玄注：「言我未有所知，所思徒贊明帝德，揚我忠言而已，謙也」『尚書今古文注疏・2』p. 88
（自分に才能があるわけではなく、帝の天下統治にお手伝いすることを願うばかりです）鄭玄注：（自分に才能があるわけではなく、考えているのは帝の徳行を讃え、自らの忠誠を示すことばかりだと言うのは謙遜である）

(29) 「之子于歸, 言秣其馬」鄭玄注：「謙不敢斥其適己」『毛詩正義・1』p. 66
（この娘が嫁に行く、その馬に餌をたっぷり与える）鄭玄注：（謙遜して、自分のところに嫁に来ることをあえて直接に言わない）

　（27）では自分の先祖を祭る時にその供え物を君子に分け与える場合に「膳」と言うことについて、（28）では帝舜の名臣皋陶のことばに対して、それぞれ「謙也」と訓釈し、（29）では『詩經・國風』の詩文「之子于歸」（この娘が嫁に行く）に対して、鄭玄は「謙」と訓釈し、その理由について「自分のところに嫁に来ることをあえて直接に言わない」と説明している。

### 3.3　美化表現類

　美化表現類のメタ言語による訓釈は6例あったが、使用された術語は「美稱、美之辭、美言之」の3つである。美化することを意味するキーワード「美」の使用が美化表現類の分類根拠となる。

(30) 「七日嬪婦」鄭玄注：「嬪、婦人之美稱也」『周禮注疏・2』p. 38
　　（七番目は嬪婦である）鄭玄注：（嬪は婦人への美称である）
(31) 「願吾子之教之也」鄭玄注：「子，男子之美稱」『儀禮注疏・3』p. 55
　　（ぜひ先生に教えていただきたいです）鄭玄注：（「子」とは男性への美

称である）

(32) 「曰伯某甫」鄭玄注：「甫是丈夫之美稱」『儀禮注疏』p. 58
（伯だれそれ甫と言う）鄭玄注：（甫、これは男子への美称である）

鄭玄は、(30)では「嬪」について「婦人への美称」、(31)の「子」と(32)の「甫」について「男子への美称」とそれぞれ訓釈している。

(33) 「辨六號」鄭玄注：「號，謂尊其名，更爲美稱焉」『周禮注疏・25』p. 780
（六種類の號を使う）鄭玄注：（号はその名を尊ぶために使用され、さらに美称として使われる）

(33)では祭事にかかわる6種類の神鬼、事物の「號」を使うことについて、鄭玄は「美称」と訓釈している。

(34) 「予一人嘉之」鄭玄注：「嘉之者，美之辭也」『儀禮注疏・26』p. 597
（わたしはそれをうれしく思う）鄭玄注：（「嘉之」とはそれを賛美することばである）
(35) 「請君之玉女，與寡人共有敝邑」鄭玄注：「言玉女者，美言之也」『禮記正義・49』p. 1572
（お嬢様にお越しいただき、私とこの国を共有していただきたいです）
鄭玄注：（「玉女」と言うのはそれを美化して言っているからである）

(34)では天子が「嘉之」と言うことについて「美之辭也」（それを賛美することば）と訓釈し、(35)では相手の娘を「玉女」と言うことについて「美言之」（美化して言っている）と訓釈している。『春秋左氏傳』(李 2000g: 495)では相手の足労を煩わせることを「擧玉趾」と表現しているが、(35)の訓釈は古代中国語における「玉〜」が持つ美化機能を示したものである。

## 3.4 失敬表現類

失敬表現類の術語は「非敬辭」、「不敬」の2例である。2例とも文字通りには「失敬、失礼」という意味を表すため失敬表現類として分類した。用例は少ないがマイナス待遇（impoliteness、rudeness）機能を明確に指摘した貴重な訓釈例である。

(36) 「嗟來食」鄭玄注：「雖閔而呼之，非敬辭」『禮記正義・10』p. 370
　　（さあ、来て食え）鄭玄注：（可哀そうに思って呼んだとは言え、失礼なことばである）

(37) 「列事未盡不問」鄭玄注：「錯尊者之語，不敬也」『禮記正義・12』p. 735
　　（目上の者が話している途中に問いかけをしてはいけない）鄭玄注：（目上の人の話しを妨げるのは失礼である）

例(36)では『禮記・檀弓下』の中で齊国の黔敖という人物が飢えた人にかけた命令表現「嗟來食」に対して、「非敬辭」（失礼なことば）と訓釈し、(37)では相手の話しを遮って質問することについて、「不敬」（失敬だ）と訓釈している。(37)の訓釈は言語行為そのものが社会的文脈の中で持つ対人機能に対する訓釈である。

## 3.5 親密表現類

親密表現類の術語による訓釈は全部で7例で、それに使用された関連用語は「親之辭、相親之辭、彌親之辭、親親之辭、親愛之言」の5つである。これらの術語にキーワード「親」（親しむ、親しみ）が使われたことが分類の根拠である。

(38) 「某以非他故，不足以辱命，請終賜見」鄭玄注：「非他故，彌親之辭」『儀禮注疏・6』p. 124
　　（身内なので、そうおっしゃっていただくと恐縮ですが、ぜひ会って

(39) 「非他，伯父實來，予一人嘉之」鄭玄注：「言非他者，親之辭」『儀禮注疏・26』p. 597
(身内なので、伯父が本当に来たら私はうれしい)鄭玄注：(「非他」と言うのは、親しみの表現だからである)

(38)(39)はいずれも「非他」(他人ではない、身内だ)という言い方に対して、「彌親之辭」(親近感を示す表現)、「親之辭」(親しみの表現)と訓釈している。

(40) 「某得以爲昏姻之故，不敢固辭」鄭玄注：「不言外，亦彌親之辭」『儀禮注疏・6』p. 124
(姻戚関係にあるため、固く辞退するわけには行きません)鄭玄注：(「外」を言わないのは親近感を示す表現だからである)

鄭玄は(40)では「昏姻之故」という発言に対して、遠い姻戚関係の「外昏姻」における「外」を言わないのは「親近感を示す」ためと訓釈している。

(41) 「願吾子之教之也」鄭玄注：「吾子，相親之辭」『儀禮注疏・3』p. 55
(先生に教えていただきたいです)鄭玄注：(「吾子」とは相手に親しみを示す表現である)

(41)では相手を「吾子」(わが先生)と呼ぶことについて、「相親之辭」(相手に親しみを示す表現)と訓釈している。「子」は相手への「尊敬之辭」なので、親しみの含意は「吾〜」という表現法によるものである。朱熹(1130〜1200)は『四書章句集注』の内『論語集注』において、孔子のことば「竊比於我老彭」(ひそかにわが老彭と比べさせていただきます)について「竊比，

尊之之辭，我，親之之辭」（「竊比」（ひそかに比べる）とは相手を尊敬する表現、「我」（わが〜）とは親しみの表現）と訓釈しているが、鄭玄(41)の訓釈は、初めて古代中国語における第1人称代詞の所有格が持つ親しみの対人機能を指摘したものである。

(42) 「天子同姓謂之伯父，異姓謂之伯舅」鄭玄注：「稱之以父與舅，親親之辭也」『禮記正義・5』p. 156
（天子が同姓の諸侯を「伯父」、異姓の諸侯を「伯舅」と呼ぶ）鄭玄注：（「父」や「舅」と呼ぶのは、親族として扱う親しみの表現だからである）

(42)では天子が親族でない同姓の諸侯に対して「伯父」、異姓の諸侯に対して「伯舅」と呼ぶことについて「親親之辭」（親族として親しむ表現）と訓釈している。

(43) 「終遠兄弟，謂他人父」鄭玄注：「是我謂他人爲己父，族人尚親親之辭」『毛詩正義・4』p. 311
（ついに兄弟と離れ、他人を父と呼ぶ）鄭玄注：（ここで他人を自分の父として呼ぶのは、同族の間では親族としての親しみの表現を好むからである）

(44) 「與子偕老」鄭玄注：「親愛之言也」『毛詩正義・6』p. 345
（あなたと共に年を取る）鄭玄注：（親密な気持ちを表す表現である）

(43)では『詩經・國風』の詩文「謂他人父」（他人を父と呼ぶ）について、鄭玄は「親親之辭」（親しみの表現）と説明し、(44)では「與子偕老」（あなたと共に年を取る）という表現について、「親愛之言」（親密な表現）と訓釈している。

### 3.6 身分表現類

　身分属性にかかわるメタ言語による訓釈は 8 例である。その術語は「賤稱、卑稱、貧賤之稱、有德之稱、尊適卑、尊卑異文、於卑者曰賜於尊者曰獻」の 7 つである。ここでの「賤、卑、貧」はすなわち「賤者、卑者、貧者」で、身分の低い者という意味を表し、「有德、尊」はすなわち「有德者、尊者」で身分の高い者という意味を表す。

(45) 「治家者不敢失於臣妾」鄭玄注：「臣，男子賤稱，妾，女子賤稱」『鄭氏佚書・孝經注』p. 10
　　 (地方を治める卿や大夫は家臣下女に対しても配慮しなければならない) 鄭玄注：(「臣」とは男性で身分の低い者の呼称で、「妾」とは女性で身分の低い者の呼称である)

(46) 「世婦以下自稱婢子」鄭玄注：「婢子，婦人之卑稱也」『鄭氏佚書・春秋傳服氏注五』p. 9
　　 (世婦以下の人は「婢子」と自称する) 鄭玄注：(「婢子」とは婦人で身分の低い者の自称である)

(47) 「八曰臣妾」鄭玄注：「臣妾，男女貧賤之稱」『周禮注疏・2』p. 38
　　 (八には「臣妾」と言う) 鄭玄注：(「臣妾」は身分の低い男女の呼称である)

　(45)では「臣」と「妾」についてそれぞれ「賤稱」(身分の低い者の呼称) と訓釈し、(46)では「婢子」について「婦人之卑稱」(婦人で身分の低い者の自称)、(47)では「臣妾」について「貧賤之稱」(身分の低い者の呼称) とそれぞれ訓釈している。

(48) 「於外曰子」鄭玄注：「子，有德之稱」『禮記正義・5』p. 171
　　 (外国では「子」と言われる) 鄭玄注：(「子」とは仁徳ある者の呼称である)

(48)では国君が他国では「子」と呼ばれることについて、「有徳之稱」(仁徳のある者の呼称)と訓釈している。

(49) 「賓辭，坐取觶以興。…介坐受以興」鄭玄注：「賓言取、介言受、尊卑異文」『儀禮注疏・10』p. 183
(賓客は辞退の挨拶をし、坐ったまま杯を取り立ち上がる。…使者は坐ったまま杯を受け立ち上がる)鄭玄注：(賓客なら「取」と言い、主人のお使いなら「受」と言うのは、尊卑の身分差によってことばを使い分けるからである)

(50) 「凡王弔臨，共介鬯」鄭玄注：「以尊適卑曰臨」『周禮注疏・19』p. 604
(国王が弔問に来られる時には、酒で厄払いをする)鄭玄注：(身分の高い者が身分の低い者のところに行くのは「臨」と言う)

(51) 「其以乘酒、束脩、一犬賜人」鄭玄注：「於卑者曰賜，於尊者曰獻」『禮記正義・35』p. 1205
(四壺の酒、十本の干し肉、一匹の犬を人に上げる)鄭玄注：(身分の低い者に与える時「賜」と言い、身分の高い者に与える時「獻」と言う)

鄭玄は(49)では杯を手に取るという同一の行為について、賓客なら「取」と言い、主人のお使いなら「受」と言うのは、「尊卑異文」(尊卑の身分差によってことばを使い分けるからだ)と訓釈し、(50)では国王が来ることを言う場合の移動動詞「臨」(越される)について、「以尊適卑」(身分の高い者が身分の低い者のところに行く)と訓釈している。現代中国語でも「歓迎光臨」(いらっしゃいませ)において「臨」が敬語動詞として残っているが、鄭玄の(50)の訓釈は動詞「臨」に対する初の対人関係機能の解釈と言える。(51)では同じ概念的意味を表す動詞「賜」と「獻」が持つ身分差による対人機能について訓釈している。

### 3.7 其他の表現

鄭玄の敬語訓釈には、上記の術語の外に次のようなメタ言語が使われた。「殷勤、殷勤之言、殷勤之意、昧冒之辭、通稱、各以其義稱」。これらの術語は言語の対人機能にかかわる含意解釈であることは間違いないが、上記の分類のいずれにも簡単に帰属させることはできない。

(52) 「公問君」鄭玄注：「問君居處爲於，序殷勤也」『儀禮注疏・21』p. 470
（公は君の行く先を尋ねる）鄭玄注：（君にどちらに泊まるかを尋ねるのは、気遣いを示すためである）

(53) 「国君去其國，止之曰奈何去社稷也，大夫，曰奈何去宗廟也，士，曰奈何去墳墓也」鄭玄注：「皆臣民殷勤之言」『禮記正義・4』p. 142
（国を去る者を引き止める場合、その人が国君なら「どうして社稷を離れられるのでしょうか」、大夫なら「どうして宗廟を離れられるのでしょうか」、士なら「どうして墳墓を離れるのでしょうか」と言う）
鄭玄注：（みんな臣民の気遣いのことばである）

(54) 「樂只君子、福履将之」鄭玄注：「此章申殷勤之意」『毛詩正義・1』p. 51
（愉快な君子に、幸せがおとずれる）鄭玄注：（ここでは気遣いの気持ちを述べている）

鄭玄は(52)では長老の公が国君に対してその行き先について尋ねることについて「殷勤」（気遣い）、(53)では国を去る国君、大夫、士に対する引止めの問いかけについて「殷勤之言」（気遣いのことば）、(54)では『詩經・國風』の詩文「樂只君子、福履将之」に対して、鄭玄は「申殷勤之意」（気遣いの気持ちを述べている）とそれぞれ訓釈している。

(55) 「敢用絜牲交剛鬣」鄭玄注：「敢，昧冒之辭」『儀禮注疏・43』p. 950
（はばかりながら子豚を供え物として使わせていただきます）鄭玄注：（「敢」とは不躾を謝ることばである）

第 5 章　漢代鄭玄が訓釈した古代中国語の対人関係機能について　129

　「敢」について、唐代の賈公彦(7 世紀)は『儀禮注疏』(p. 950)において「凡言「敢」者、皆是以卑觸尊、不自明之意」(「敢」とは、目下の自分が目上の相手に接する際身分の違いの自覚が足りないことを意味する表現である)と解釈した。日本において「敢」の辞書項目の解釈として、荻生徂徠(1666〜1728 年)の『訓譯示蒙・4』(1714 年)では「遠慮氣遣ヒスル意」、釈大典(1719〜1801 年)の『詩家推敲・巻之上』においては「敬メイフ辭」とそれぞれ訓釈した。20 世紀に入ると楊(1936)のようについに「表敬副詞」として分類されるようになったが、(55)における鄭玄の訓釈「昧冒之辭」(不躾を謝ることば)は「敢」の対人関係機能、敬語機能の解釈として先鞭をつけたものと言える。

(56)　「祭稱孝子、孝孫。喪稱哀子、哀孫」鄭玄注：「各以其義稱」『禮記正義・41』p. 1373
　　　(祭祀の時には「孝子、孝孫」、喪中時には「哀子、哀孫」と自称する)鄭玄注：(それぞれの場面的意味によって呼び分ける)

　(56)では祭祀と喪中という 2 つの場面における自称詞「孝子、孝孫」、「哀子、哀孫」の使い分けについて、発話に対するコンテクストの影響に触れて「各以其義稱」(それぞれの場面的意味によって呼び分ける)と訓釈している。

(57)　「送子渉淇」鄭玄注：「子者，男子之通稱」『毛詩正義・3』p. 269
　　　(あなたを見送り、淇水を渡る)鄭玄注：(「子」とは男性の通称である)

　(57)では『詩經・國風』の詩文における「子」について、「男性之通稱」と訓釈している。「通稱」は「尊稱、謙稱、卑稱」のどちらでもない待遇上ニュートラルな表現として捉えた訓釈である。

## 4. 鄭玄の対人関係機能訓釈の特徴

鄭玄が訓釈した古代中国語の対人関係機能の特徴について、2つの側面から考察したい。1つは表現上の特徴、つまり鄭玄が訓釈した上記周代のことばは、どのような言語現象を指すか、語彙レベルか、文法レベルか、それとも発話行為レベル、談話レベルなのかを明らかにする。もう1つは方法論的特徴、つまり鄭玄はどのような視点から言語の対人機能を捉えたか、それが現代の語用論研究の立場からどう位置づけ、評価するかを明らかにする。

### 4.1 表現上の特徴

鄭玄が訓釈した言語表現の属性を表2のようにまとめることができる。

**表2 鄭玄の対人関係機能訓釈の対象一覧**

| 表現属性 | 言語表現 | 合計 | |
|---|---|---|---|
| 名詞 | 皇／君／子／嬪／臣／妾／婢子／父／甫／舅／臾／伯舅／伯父／膳 | 14 | |
| 名詞句 | 予一人／予小子／不穀／寡人／寡君／吾子／非他／玉女／孝子／孝孫／哀子／哀孫 | 12 | |
| 動詞 | 嘉／臨／不禄／取／受／賜／獻 | 7 | |
| 動詞句 | 賜灌／願見 | 2 | |
| 形容詞 | 老／大／小／寡／枉／哨／不佞 | 7 | |
| 副詞 | 蓋／敢 | 2 | 64 |
| 感嘆詞 | 唯／喏 | 2 | |
| 発話行為 | 敢請女爲誰氏／亟食於某乎／聞名於將命者／嗟來食／列事未盡不問／公問君(居處爲於)／奈何去社稷／奈何去宗廟／奈何去墳墓 | 9 | |
| 談話 | 寡君有宗廟之事、不得承事、使一介老相執紼／丘小人也、不足以知禮／予未自有知、贊贊襄哉／之子于歸／與子偕老／樂只君子、福履将之 | 6 | |
| 修辞法 | 變七言六／辨六號／不言外 | 3 | |

鄭玄が訓釈した表2のような言語表現には、主に次のような特徴が見られる。

(1)多様な属性による品詞分布

　語彙レベルで見ると、鄭玄が訓釈した周代の敬語・ポライトネス表現は、複数種類の品詞に幅広く分布していることが分かる。その分布範囲は古代中国語文法論で「實詞」と言われる概念的意味を表す品詞類(名詞、動詞、形容詞、副詞、数量詞、代詞)6種類中の4種類(名詞、動詞、形容詞、副詞)と、「虛詞」と言われる文法機能や感情表出を表す品詞類(前置詞、接続詞、助詞、感嘆詞)の中の「感嘆詞」に及んでいる。

(2)呼称を中心とする名詞型敬語の傾向

　鄭玄が訓釈した敬語・ポライトネス表現の中で名詞と名詞句の表現が最も多く、両者を合わせると、64項目中の26項目で全体の4割を占めている。その名詞型敬語表現は「膳」以外はすべて自称詞、対称詞または他称詞などのような人間の呼称にかかわる表現である。鄭玄の敬語訓釈には、古代中国語が持つ、呼称を中心とする名詞型敬語の傾向が顕著に現れている。

(3)発話行為、談話、修辞法が持つ対人機能の発見

　鄭玄は、語彙レベルだけではなく発話行為、談話、修辞法が持つ対人関係機能についても訓釈を施した。この部分の訓釈は、鄭玄の言語現象に対する鋭い洞察と言語の構造的制限を越えた機能的な視点に基づくものと言える。

## 4.2　方法論的特徴―多様な敬語・ポライトネス視点

　鄭玄が訓釈した古代中国語の対人関係機能は、現代の敬語・ポライトネス研究の視点に通じるものが数多く含まれている。鄭玄が使用した訓釈術語の中で、「尊敬表現類」と「謙譲表現類」は、Brown & Levinson (1987)におけるネガティブ・ポライトネス(negative politeness)としてのストラテジー5「敬意を示す」(give deference)の機能、特にその中における日本語の敬語のようなhonorificsの基本的な機能(尊敬語、謙譲語)と共通する視点が用いられている。鄭玄の訓釈対象となる敬語・ポライトネス表現は社会的ダイクシス(social deixis)として文法化していないため、丁寧さの含意を算出するLeech (1983)の語用論的原理の内「是認の原則」(Approbation Maxim)と「謙遜の原則」(Modesty Maxim)の適用対象にもなる。そして「美化表現類」は

日本語の敬語における美化語機能との間に、「失敬表現類」は Brown & Levinson (1987) における impoliteness、rudeness 現象や日本語におけるマイナス待遇表現との間に共通の視点が見られ、「親密表現類」は Brown & Levinson (1987) によるポジティブ・ポライトネス (positive politeness) に近い視点が用いられていたことが観察される。さらに「身分表現類」は、言語運用の社会的変異にかかわる社会語用論的な視点が用いられたことが明らかである。

## 5. おわりに

鄭玄の言語解釈は経学、訓詁学という古代中国の伝統的な学問の中でなされたものだが、それを語用論という現代言語学のパラダイムにおいて整理し直してみると、そこには古代中国の訓詁学者の言語現象に対する見方、捉え方の一端が見えてくる。本章で示した鄭玄の訓釈は、語用論研究の立場から見ると、古代中国における多角的な視点による言語の対人関係機能の解釈と位置づけることができよう。

注
1 テキストによっては「鄭氏曰」、「鄭云」、「鄭注」、「鄭箋」など異なる表記が使われたが、ここでは「鄭玄注」に統一する。表記上の統一を図るため原文中の表記記号を一部調整した。下線部は訓釈の対象となる表現である。日本語訳は文脈情報を補強して訳したものである。
2 『禮記』の呼称体系と社会的変異について詳しくは本書第2章を参照されたい。
3 「蓋」についての歴代訓詁学者の解釈と論争については第6章の 1.1 を参照されたい。
4 「峭」と「哨」は同じ語の異体表記である。ここでの引用は王聘珍 (18 世紀 : 240) の表記に従った。
5 古代中国語の「死」の異形とその社会的変異については本書第1章を参照されたい。

## 用例出典

金谷治(1978)『唐抄本鄭氏注論語集成』平凡社。
黄懷信(2005)『大戴禮記彙校集注』三秦出版社。
李學勤(2000)『毛詩正義』(鄭玄箋、孔穎達等正義、十三經注疏整理本)北京大學。
李學勤(2000)『周禮注疏』(鄭玄注 賈公彦疏 十三經注疏整理本)北京大學。
李學勤(2000)『禮記正義』(鄭玄注 孔穎達等正義 十三經注疏整理本)北京大學。
李學勤(2000)『儀禮注疏』(鄭玄注 賈公彦疏 十三經注疏整理本)北京大學。
孫星衍(19世紀)『尚書今古文注疏』(十三經清人注疏 中華書局 1986)。
王聘珍(19世紀)『大戴禮記解詁』(十三經清人注疏 中華書局 1983)。
袁鈞(18世紀)『鄭氏佚書』東京大学東洋文化研究所所蔵(漢籍善本全文影像資料庫)。

# 第 6 章　歴代訓詁学者の
　　　　　ポライトネス訓釈
　　　―解説と資料

## 1.　解説

　春秋戦国時代（BC 770 ～ BC 221）に、諸子百家たちは自らの哲学的主張を論ずるためにことばの対人機能に関心を示し、その使い方や成立について見解を述べたが、漢代（BC 206 ～ AD 220）になると、訓詁学者たちは、ことばそのものの機能や属性に興味を示し、音韻、意味、文法の記述だけでなく、発話含意や社会的属性などについても大量の訓釈を施した。これらの訓釈資料には、ポライトネスにかかわる内容が多く含まれている。第 5 章では鄭玄のポライトネス訓釈を通してその一部の実態を明らかにしたが、2 千年ほど続いた中国訓詁学におけるポライトネス訓釈の全体像についてはこれまでほとんど把握されていない。筆者は十数年前から訓詁学関連の文献収集に着手し、これまで集めた文献に目を通し、ポライトネス関連の訓釈項目を網羅的に集めた。本章ではこれらを整理し、解説を加えた上で提示する。散逸した訓詁文献の量を考えると、本章で示した資料は、全体のほんの一部に過ぎないかもしれないが、それを通して 2 千年間にわたる中国語ポライトネス訓釈の流れがある程度鳥瞰できるのではないかと思う。

### 1.1　訓釈の歴史社会語用論的意義について

　ポライトネス訓釈は、ことばが持つ人間関係の調節機能、丁寧さの含意にかかわる解釈である。このような含意の解釈は、文脈依存度が高いため、『説文解字』など字義的意味を解説する辞書類では扱えないまたは扱いきれ

ないものである。歴代の訓詁学者の間で、あることばに対する字義的意味の解釈と発話含意の解釈をめぐり議論し、意見が対立することがしばしば起こっていた。語用論研究が進んだ現代において、その議論の多くは再認識、再評価される必要性が生まれてきている。以下は1つの事例を通して、訓詁資料の見方に対する語用論的視点の有効性と重要性を示したい。

『十三經』には『孝經』があり、『孝經・天子章』には「子曰：愛親者，不敢惡於人…蓋天子之孝也」(「自分の親を大切にする人は、人を憎むようなことはしない…このようなことは概して天子の孝である」と孔子はおっしゃる)というくだりがある。その中の副詞「蓋」について、西漢の孔安国(BC2世紀頃)は「蓋者，稱辜較之辭也」(蓋とは概略の意味を表すことばである)と訓釈したが、東漢の鄭玄(127～200)は「蓋者謙辭」(「蓋」とは謙辞である)と訓釈した。隋代の劉炫(546～613年？)は「夫子曾爲大夫,於士何謙？而亦云蓋也，斯側卿士以上之言，蓋者並非謙辭可知也」(孔子はかつて大夫の身分なので士(の身分の曾子)に対してどうして謙遜するのだろう。それでも「蓋」を使っているということは、それが卿や士以上の身分の人が言ったことばで、謙辞ではないことが明らかである)と主張した。唐の玄宗皇帝李隆基(685～762年)の『孝經注』(李學勤 2000m)では鄭注を採用せず、孔安国の注釈にしたがい、「蓋，猶略也」(「蓋」は「簡略に」と同じ意味)と注釈し、宋代の邢昺(932～1010年)もそれらを根拠に「蓋非謙也」(「蓋」は謙遜ではない)とわざわざ鄭玄の解釈を否定した。その後、議論がこれで終結したかのようにそのまま千年の歳月が流れた。

BC6世紀頃の人物の発話に対して、BC2世紀頃の学者と2世紀頃の学者がそれぞれ注釈を施し、2世紀頃の注釈に対して6、8、10世紀頃の学者たちが疑いをかけ、批判を加えた。それらの批判に対して鄭玄はもちろん弁明も反論もできない。しかし、いまのわれわれが言語学に関する新しい知見に基づいてその議論に加わることは可能である。

現代の語用論研究の立場から見ると、謙遜含意は言語のポライトネス(politeness)機能の1つとして、断言を避けたり、主張を弱めたりすることによって成立することがある。このことは経験的にも理解され、理論的にも

説明できるようになった。現代中国語の例で言えば、スピーチの冒頭に「那，我就來簡單地說幾句吧」(それでは簡単に発言させていただきます) というような表現がよく聞かれる。その中の「簡單地」は意味論的に解釈すれば「簡単に、簡略に」としか説明できないが、語用論の立場から話者の発話意図を解釈しようとすれば、話者はこの発話を通して「自分にはスピーチのようなおこがましいことはできず、簡単なことしか話せない」という謙遜含意を含ませていると説明することになる。このような謙遜含意は、話者の謙虚な態度や品格を示すもので、身分に制約されるものではないため、聞き手が目下であっても発話することは可能である。同原理で、孔子は天子の孝道とは何かについて語る際に、自分にはそのすべてを語ることはできず、その概略しか言えないと発言したことについても、語用論の視点から見れば、謙遜して言っている可能性は十分に考えられる。鄭玄の注釈は誤った解釈というよりも、むしろ発話の対人機能、謙遜含意に注目した注釈として高く評価すべきではないかと思う。「蓋」に対する鄭玄の注釈は、孔安国の意味論的注釈と矛盾するものではなく、それらを踏まえた語用論レベルの含意解釈と見ることができる。

　この議論の中で、もう１つ注目すべき点は、6世紀頃の劉炫が身分という参照点を使って鄭玄の謙遜含意の解釈を論破しようとしたことである。この分析は「蓋」の謙遜含意の解釈に関しては有効とは言えないが、ポライトネス含意の有無について社会的属性に基づいて判断するという論法は、現代社会語用論的視点に通ずるものである。古代中国の訓詁学者たちが残した多くのポライトネス訓釈にも身分(「人君之謙稱、王者之通稱、將軍通稱、農夫之賤稱、商人醜稱」)、性別(「丈夫之尊稱、男子之美稱、婦人之美稱、婦人之卑稱」)、年齢(「老人稱、未冠者之稱、幼少之稱」)などという社会的属性にかかわる視点が多く含まれている。これらの訓釈の真価は、歴史社会語用論という新しいパースペクティブの導入によって蘇ってくるのではないかと思う。

## 1.2　訓釈の対象となる文献について

　ポライトネス訓釈の対象資料は、十三経(『易經』『書經』『詩經』『儀禮』

『禮記』『周禮』『春秋左氏傳』『春秋公羊傳』『春秋穀梁傳』『論語』『爾雅』『孟子』『孝經』）に及んでいる。『左氏傳』『公羊傳』『穀梁傳』は孔子の『春秋』に対する訓釈書であると同時に、そこに使われたことば自体も後世の訓釈対象となっている。そして十三経以外の訓釈対象文献には、『老子』『楚辭』『淮南子』『呂氏春秋』『漢書』などが含まれ、さらに、特定の文献に対してではなく、ことばそのものの意味解釈を行う辞書類（『玉篇』『方言』『博物志』『正字通』『助字辨略』）も含まれる。その中で特に、揚雄（BC 53 〜 AD 18）の『方言』は、今で言う「聞き取り調査」の結果に基づいて編集されたもので、作者が生きていた BC 1 世紀頃の言語現象に対してその意味、含意や社会的属性などについて解説したものである。

## 1.3 訓釈を施した人々の系譜について

　戦国末期から漢代の初期にかけて、およそ BC 4 世紀と BC 2 世紀の間にポライトネス現象について特定の術語を使った訓釈が現れ始めた。筆者が収集した資料の中で『公羊傳』の中の「卑辭」と『穀梁傳』の中の「尊稱、卑稱、美稱」などは、古代中国語ポライトネス機能に関する最古の訓釈である。これらの訓釈表現は、当初から明確な定義を持った術語というより、「卑下することば」、「卑下する呼び方、尊敬する呼び方、美化する呼び方」という見方を示す表現だったかもしれない。しかし、メタ言語として「卑辭」、「尊稱」、「卑稱」、「美稱」を創出したこと自体に大きな意義があり、孔子や老子など諸子百家たちの論じ方（本書序を参照）とは明らかに一線を画している。そして、これらの表現が漢代以降の大量のポライトネス訓釈術語の形成につながっているということを考えると、『公羊傳』と『穀梁傳』の訓釈は、後のポライトネス訓釈の礎を築いたと言うことができる。

　『公羊傳』と『穀梁傳』は西漢（BC 202 〜 AD 6 年）に入ってから書物としてまとめられたが、その前の戦国時代には、主に口頭で伝授されていた。そして、『公羊傳』の祖である公羊高と『穀梁傳』の祖である穀梁赤はいずれも孔子の門人子夏（BC 507? 〜 BC 420?）の教え子として伝えられている。このことから、儒家の一派がことばのポライトネス機能に示した強い関心がそ

の後のポライトネス訓釈の流れを作り出したのではないかと推測することができる。

次節の資料で示すように、漢代から清代までの約 2 千年の間にポライトネス訓釈は絶え間なく続いていた。漢代の孔安國、鄭玄、三国の杜預、唐代の孔穎達、宋代の朱熹、元代の陳澔、清代の孫希旦などはそれぞれの時代を代表する訓詁学者として数多くのポライトネス訓釈を残した。その中で更に特記すべき人物は、外でもなく鄭玄（127 ～ 200 年）である。鄭玄のポライトネス訓釈は、それが及んだ文献の数にせよ、訓釈した言語現象の多様な側面にせよ、使った術語の数と種類にせよ、空前絶後と評しても決して過言ではない（詳しくは第 5 章を参照）。

表 1 は、約 2 千年の間に現れた 36 名の訓詁学者が使ったポライトネス訓釈術語の一覧表である。

**表 1　訓詁学者のポライトネス訓釈術語一覧**[1]

| |
|---|
| 1 公羊高（戦国）：卑辭 |
| 2 穀梁赤（戦国）：尊、尊稱、卑稱、尊之、貴之、男子之美稱 |
| 3 毛亨（西漢）：士之美稱、尊而君之 |
| 4 孔安國（西漢）：謙辭、謙之辭、謙、親之、尊之、奬之〜、通稱、謙不敢自名、賤者男曰〜女曰〜 |
| 5 揚雄（西漢）：尊老、婢賤稱、商人醜稱、奴婢之醜稱 |
| 6 許慎（東漢）：謙、老、人君謙以自稱、老而杖于人者 |
| 7 王逸（東漢）：謙、天尊、尊雲神、稱皇天、以卑説尊、言徳美大、不敢指斥尊者 |
| 8 馬融（東漢）：謙、男子之通稱 |
| 9 趙岐（東漢）：敬、謙辭、通稱、尊君之稱、長老之稱、野人之稱、男子之通稱 |
| 10 服虔（東漢）：尊之、賤之、自謙之辭、婦人之卑偁 |
| 11 鄭玄（東漢）：恭、謙、尊稱、敬之、尊之、敬辭、祝辭、慶辭、謙恭、謙辭、謙稱、自卑、殷勤、尊敬辭、尊適卑、言之謙、謙自卑、謙不答、自卑小、親之辭、美之辭、美言之、老人稱、非敬辭、尊敬之辭、尊厳之稱、應敬之辭、有徳之稱、謙不敢斥、昧冒之辭、殷勤之言、殷勤之意、相親之辭、彌親之辭、親親之辭、親愛之言、兄弟之稱、女子賤稱、幼少之稱、未冠之稱、以其義稱、尊卑異文、婦人之卑稱、婦人之美稱、男子之美稱、丈夫之美稱、男子之通稱、未成人之稱、男女貧賤之稱 |
| 12 何休（東漢）：謙、卑、謙辭、自謙、執謙、卑稱、貶稱、敬老、大人稱、謙不敢斥、謙不敢求、謙不敢多索 |

13 高誘(東漢)：美稱、通稱、長老稱、長老之稱、以賤爲號、人君之謙稱
14 王肅(三国魏)：謙、謙辭、王之尊稱、丈夫之顯稱
15 杜預(三国晋)：謙、尊稱、貴之、謙辭、自稱、老稱、常稱、降名、貶稱、存謙敬、賤者稱、序殷勤、謙敬之稱、謙不敢斥、諸侯謙辭、諸侯謙稱、大夫稱老、在喪之稱、元老之稱、男子之美稱、王者之通稱、男子之通稱、婦人之卑稱、童蒙幼末之稱
16 王弼(晋)：嚴莊之稱、少女之稱、有德者之通稱
17 范寧(晋)：尊稱、貴稱、男子之美稱、王者之通稱
18 皇侃(南朝梁)：謙、自謙、尊父、貶稱、褒稱、禮稱、不敬、有德之稱、長宿之稱、謙不敢均然、未冠者之稱、謙不敢自比於成人
19 孔穎達(唐)：謙、敬辭、尊稱、尊之、謙稱、謙辭、自謙、美稱、通稱、貶之、卑觸尊、老之稱、謙退之辭、謙敬之辭、尊之之辭、有德之稱、婦人通稱、親親之辭、諸侯自稱、卑賤之稱、賤者之稱、質賤之稱、謙不敢言見、丈夫之美稱、未成人之稱、庶子卑賤之稱、有德有爵之通稱
20 楊士勛(唐)：貴辭、尊貴之辭、有罪之稱
21 賈公彦(唐)：尊稱、敬之、美稱、以卑觸尊、老人之稱、男子之美稱、頑愚之惡稱
22 李善(唐)：謙辭、謙稱、將軍通稱、自卑之稱、古人相推敬之辭
23 楊倞(唐)：謙辭、罵辭、尊敬之、至尊之號、尊者謂之～、卑者謂之～、脩立之稱、謙不敢對、丈夫之尊稱、未嫁娶之稱、在位者之通稱
24 邢昺(北宋)：謙、謙辭、謙稱、謙言、謙而少言、有德之稱、對異邦謙、未冠者之稱、男子有德之通稱
25 孫奭(北宋)：自謙、尊老之稱、野人之稱、男子有德之通稱
26 呂大臨(北宋)：自卑之辭
27 陸佃(北宋)：謙辭
28 朱熹(南宋)：謙、謙辭、謙詞、王自稱、美稱、美其辭、尊之之辭、輕賤之稱、長上之辭、美之之詞、未嫁之稱、婚姻之稱、老人之稱、夫語婦之詞、美其大夫之詞、夫婦相語之詞
29 錢杲之(南宋？)：美辭
30 陳澔(元)：恭、謙、謙辭、謙言、尊之、賤之、尊異之、速而恭、尊敬之辭、尊上之辭、尊之之稱、告他國謙辭、謙不敢質言、婦人之美稱、未成人之稱、庶子卑賤之稱、卑者曰～尊者曰～
31 張自烈(明)：卑辭
32 汪瑗(明)：婉其詞、賤妾之稱、贊美之詞、才美之通稱、王天下者之通稱
33 錢澄之(明・清)：謙詞
34 劉淇(清)：謙辭、以卑承尊、以卑承尊之辭
35 王夫之(清)：尊稱神之辭
36 孫希旦(清)：尊辭、尊稱、尊君、謙辭、自謙、謙己、謙言、質辭、甚謙之辭、謙之辭、尊之之辭、尊大之號、卑賤之稱、謙不敢質言、男子之美稱、別外内之辭

## 1.4　訓釈される言語現象の属性について

　訓詁資料の中で、対象文献の地の文のことばと会話文のことばに対する訓釈の両方が現れているが、地の文では著者が話題人物に対して示されたポライトネス含意について、会話文では文中の話し手が聞き手や話題人物に示されたポライトネス含意についてそれぞれ訓釈されている。

　訓釈の対象となることばの語彙的属性を見ると、名詞、動詞、形容詞、副詞、感嘆詞などが含まれる。例えば、孔安国の訓釈「言我小臣，謙辭」(「小臣」と言うのは謙譲表現である)は「小臣」(小さな臣下＝わたくし)という複合名詞に対して、鄭玄の「賓言取，介言受，尊卑異文」(同じ動作でも客は「取」と言い、お使いは「受」と言うのは、尊卑の身分差によってことばを使い分けるからである)は「取」(とる)、「受」(うける)という動詞に対して、趙岐の「謙辭言竊聞也」(謙遜して「ひそかに聞く」と言う)は「竊」(ひそかに)という副詞に対して、鄭玄の「唯者，應敬之辭」(「唯」とは、敬意を持って応答することば)は「唯」(はい)という感嘆詞に対して、それぞれ訓釈している。

　そして、訓釈の対象には言語行動、発話行爲やレトリックなどのレベルにおける現象も含まれる。例えば、皇侃の訓釈「孔子謙也」(孔子は謙遜している)は「文莫，吾猶人也」(学問では僕は人とはあまり変わらない)という孔子の発話行爲全体に対して、王逸の「荃香草，以諭君也。人君被服芳香，故以香草爲諭。不敢指斥尊者，故變荃言也」(「荃」は香草で、君の譬えである。君は衣服に香りをつけるので、香草を使って譬えている。尊い身分の人を直接指すことを控えるので、代わりに「荃」と言う)は、香草を君の比喩として使われるレトリック現象に対して、それぞれのポライトネス含意を訓釈している(詳しくは次節の資料を参照)。

## 1.5　訓釈に使われたメタ言語の種類について

　ポライトネス訓釈に使われたメタ言語の意味内容を整理すると、そこには「尊敬、謙遜、美化、親密、失敬、身分、男女、年齢」などに関するものが含まれる。そして、メタ言語の表現形態上の特徴をまとめると、名詞型は

「〜辞(辭)、〜之辞(辭)、〜称(稱)、〜之称(稱)、〜詞、〜之詞、〜之号(號)、〜之言、〜之意」、動詞型は「〜之」という用語パターンが見られる。

表2は意味内容に基づく術語の一覧表で、表3は表現形態上の特徴に基づいた一覧表である。

表2　術語の意味内容一覧

| 意味分類 | 術　　　　語 |
| --- | --- |
| ①尊敬表現類 | 敬、恭、敬辭、尊辭、尊稱、敬之、尊之、尊君、尊父、天尊、貴辭、貴稱、貴之、尊稱之、尊敬之、尊異之、尊卿稱、尊雲神、尊敬辭、存(謙)敬、速而恭、尊上之辭、尊之之辭、尊之之稱、尊嚴之稱、嚴莊之稱、至尊之號、尊敬之辭、尊貴之辭、應敬之辭、推敬之辭、尊而君之、尊稱神之辭、稱所尊敬之辭、古人相敬之辭 |
| ②謙讓表現類 | 謙、謙辭、謙詞、謙稱、謙恭、謙言、自謙、謙之辭、自卑謙、言之謙、存謙(敬)、謙不〜、自謙之辭、自卑之辭、自卑之稱、甚謙之辭、謙退之辭、謙敬之辭、謙敬之辭、以賤爲號 |
| ③美化表現類 | 美辭、美稱、美言、飾辭、奬之、美言之、美之辭、美其辭、贊美之詞、美之之詞、美其大夫之詞 |
| ④失敬表現類 | 罵辭、醜稱、不敬、賤之、貶之、非敬辭、討賊辭、輕賤之稱、有罪之稱、頑愚之惡稱 |
| ⑤親密表現類 | 親之辭、相親之辭、彌親之辭、親親之辭、親愛之言、夫婦相語之詞、夫語婦之詞 |
| ⑥身分表現類 | 賤稱、賤之、卑稱、尊適卑、賤者稱、王自稱、婢醜稱、王之尊稱、王者之稱、長上之辭、貧賤之稱、有德之稱、尊卑異文、以卑説尊、以卑觸尊、諸侯謙稱、將軍通稱、脩立之稱、有罪之稱、卑賤之稱、賤者之稱、貧賤之稱、輕賤之稱、野人之稱、人君之謙稱、王者之通稱、天子大夫稱、農夫之賤稱、奴婢之醜稱、人君謙以自稱、有德者之通稱、庶子卑賤之稱、以卑承尊之辭、王天下者之稱、王天下者之通稱、有德有爵之通稱、卑者曰〜尊者曰〜、於卑者曰〜於尊者曰〜、尊者謂之〜卑者謂之〜 |
| ⑦性別表現類 | 女子賤稱、婦人通稱、少女之稱、士之美稱、婦人之美稱、婦人之卑稱、丈夫之顯稱、丈夫之尊稱、丈夫之美稱、男子之美稱、男子之通稱、男子有德之通稱、賤者男曰〜女曰〜 |
| ⑧年齡表現類 | 老稱、敬老、老人稱、老之稱、長老稱、長老之稱、元老之稱、長宿之稱、老人之稱、婚姻之稱、未嫁之稱、兄弟之稱、幼少之稱、未冠之稱、未嫁娶之稱、未成人之稱、老而杖于人者、童蒙幼末之稱 |
| ⑨其他の表現 | 禮稱、顯稱、通稱、常稱、義稱、慶辭、祝辭、質辭、殷勤、序殷勤、婉其詞、對異邦謙、殷勤之言、殷勤之意、昧冒之辭、在喪之稱、告他國謙辭、各以其義稱、別内外之辭、才美之通稱 |

表3　術語の表現パターン一覧

| | |
|---|---|
| ～辭 | 尊辭、敬辭、貴辭、謙辭、卑辭、美辭、祝辭、慶辭、質辭、罵辭、飾辭、尊敬辭、非敬辭、美其辭 |
| ～之辭 | 謙之辭、美之辭、親之辭、尊之之辭、尊敬之辭、尊貴之辭、推敬之辭、應敬之辭、謙敬之辭、甚謙之辭、謙退之辭、自卑之辭、自謙之辭、相親之辭、彌親之辭、親親之辭、長上之辭、昧冒之辭、尊稱神之辭、別內外之辭、以卑承尊之辭、、古人相推敬之辭 |
| ～稱 | 尊稱、貴稱、謙稱、美稱、褒稱、賤稱、卑稱、貶稱、禮稱、醜稱、通稱、常稱、義稱、顯稱、老稱、自稱、大人稱、長老稱、老人稱、尊卿稱、賤者稱、頑愚之惡稱 |
| ～之稱 | 老之稱、尊君之稱、尊之之稱、長老之稱、長宿之稱、有德之稱、元老之稱、謙敬之稱、嚴莊之稱、尊嚴之稱、大夫之稱、脩立之稱、貧賤之稱、賤者之稱、野人之稱、卑賤之稱、質賤之稱、自卑之稱、在喪之稱、有罪之稱、輕賤之稱、賤妾之稱、老人之稱、婚姻之稱、未嫁之稱、兄弟之稱、少女之稱、幼少之稱、未冠之稱、未嫁娶之稱、未成人之稱、童蒙幼末之稱 |
| ～詞 | 謙詞、婉其詞 |
| ～之詞 | 美之詞、贊美之詞、美之之詞、美其大夫之詞、夫語婦之詞、夫婦相語之詞 |
| ～之號 | 至尊之號、尊大之號 |
| ～之言 | 親愛之言、殷勤之言 |
| ～之意 | 殷勤之意 |
| ～之 | 敬之、尊之、貴之、奬之、親之、賤之、貶之、尊稱之、尊異之、尊敬之、美言之、尊而君之、尊者謂之～卑者謂之～ |
| 以卑～尊 | 以卑說尊、以卑承尊、以卑觸尊、 |
| 謙不～ | 謙不斥、謙不慾、謙不答、謙不敢斥、謙不敢對、謙不敢求、謙不敢多索、謙不敢均然、謙不敢質言、謙不敢言見、謙不敢自名 |
| その他 | 敬、恭、謙、尊父、天尊、敬老、自謙、謙恭、謙言、尊適卑、速而恭、自卑謙、自卑小、言之謙、序殷勤、尊雲神、尊卑異文、以賤爲號、謙敬之飾言、各以其義稱、不敢指斥尊者、老而杖于人者、卑者曰～尊者曰～、於卑曰～於尊曰～、尊者謂之～卑者謂之～ |

## 2. 資料[2]

**2.1 公羊高**（不詳　戦国。口伝により『春秋』の訓詁を伝授、西漢の前2世紀頃その玄孫公羊寿により『公羊傳』がまとめられたと伝えられる）

・「公子遂如楚乞師」『春秋・僖公』、公羊高注：「乞者何？卑辭也」『公羊傳

注疏・12』³ p. 294

## 2.2　穀梁赤(不詳　戦国。口伝により『春秋』の訓詁を伝授、西漢の前1世紀頃『穀梁傳』がまとめられたと伝えられる)

・「公及邾儀父盟于眜」『春秋・隠公』、穀梁赤注：「父猶傅也，<u>男子之美稱</u>也」『穀梁傳注疏・1』p. 3
・「天王崩」『春秋・隠公』、穀梁赤注：「高日崩，厚日崩，尊日崩。天子之崩，以<u>尊</u>也。其崩之，何也。以其在民上，故崩之」『穀梁傳注疏・1』p. 16
・「五月葬桓王」『春秋・莊公』、穀梁赤注：「尊者取<u>尊</u>稱焉，卑者取<u>卑</u>稱焉，其日王者，民之所歸也」『穀梁傳注疏・5』p. 78
・「王人子突救衛」『春秋・莊公』、穀梁赤注：「王人，卑者也。稱名，<u>貴之</u>也」『穀梁傳注疏・5』p. 82
・「季子來歸」『春秋・莊公』、穀梁赤注：「其曰季子，<u>貴之</u>也」『穀梁傳注疏・6』p. 120
・「宋殺其大夫」『春秋・僖公』、穀梁赤注：「其不稱名姓，以其在祖之位，<u>尊</u>之也」『穀梁傳注疏・9』p. 167
・「齊人來歸子叔姬」『春秋・文公』、穀梁赤注：「其曰子叔姬，<u>貴之</u>也」『穀梁傳注疏・11』p. 210
・「天王使王季子來聘」『春秋・宣公』、穀梁赤注：「其曰子，<u>尊之</u>也」『穀梁傳注疏・12』p. 230
・「吳子使札來聘」『春秋・襄公』「其名，成<u>尊</u>於上也」『穀梁傳注疏・16』p. 311
・「公會晉侯及吳子于黃池」『春秋・哀公』、穀梁赤注：「王，<u>尊</u>稱也，子，<u>卑</u>稱也。辭尊稱而居卑稱，以會乎諸侯，以尊天王」『穀梁傳注疏・20』p. 397

## 2.3　毛亨(不詳　西漢)

・「悠悠蒼天」『詩經・黍離』、毛亨注：「<u>尊</u>而君之，則稱皇天，…據遠視之蒼蒼然，則稱蒼天」『毛詩正義・4』p. 298
・「彼其之子，邦人彥兮」『詩經・羔裘』、毛亨注：「彥，<u>士之美稱</u>」『毛詩正

義・4』p. 342

## 2.4 孔安國(不詳　BC156年〜BC74年在世　西漢)

・「予未有知思，日贊贊襄哉」『尚書・皋陶謨』、孔安國注：「言我未有所知，未能思致於善，徒亦贊奏上古行事而言之。因禹美之，承以謙辭，言之序」『尚書正義・4』pp. 131–132
・「我友邦冢君」『尚書・泰誓上』、孔安國注：「冢，大。…稱大君，尊之」『尚書正義・11』p. 321
・「惟先生建邦啓土」『尚書・武成』、孔安國注：「尊祖，故稱先王」『尚書正義・11』p. 344
・「史乃册」『尚書・金縢』、孔安國注：「史爲册書，祝辭也」『尚書正義・13』p. 395
・「予小臣，敢以王之讎民百君子」『尚書・召誥』、孔安國注：「言我小臣，謙辭」『尚書正義・15』p. 474
・「誥告庶殷，越自乃御事」『尚書・召誥』、孔安國注：「召公戒成王，而以衆殷諸侯於自乃御治事爲辭，謙也」『尚書正義・15』p. 465
・「眇眇予末小子，其能而亂四方，以敬忌天威」『尚書・顧命』、孔安國注：「言微微我淺末小子，其能如父祖治四方，以敬忌天威德乎？謙辭，託不能」『尚書正義・18』p. 603
・「父義和，汝克昭乃顯祖」『尚書・文侯之命』、孔安國注：「重稱字，親之。不稱名，尊之。言汝能明汝顯祖唐叔之道，奬之」『尚書正義・20』p. 657
・「馬牛其風，臣妾逋逃，勿敢越逐」『尚書・費誓』、孔安國注：「役人賤者男曰臣，女曰妾」『尚書正義・20』p. 665
・「嗟，我士，聽無譁」『尚書・費誓』、孔安國注：「誓其群臣，通稱士也」『尚書正義・20』pp. 668–669
・「蓋有之矣，我未之見也」『論語・里仁』、孔安國注：「謙不欲盡誣時人」『論語注疏・4』p. 53
・「若聖與仁，則吾豈敢」『論語・述而』、孔安國注：「孔子謙不敢自名仁聖也」『論語注疏・7』p. 108

・「吾不徒行以爲之椁。以吾從大夫之後，不可徒行也」『論語・先進』、孔安國注：「孔子時爲大夫，言從大夫之後，不可以徒行，謙辭也」『論語注疏・11』p. 162
・「如其禮樂，以俟君子」『論語・先進』孔安國注：「若禮樂之化，當以待君子，謙也」『論語注疏・11』p. 172
・「赤也爲之小，孰能爲之大？」『論語・先進』、孔安國注：「赤謙言小相耳，誰能爲大相？」『論語注疏・11』p. 173
・「稱諸異邦曰寡小君」『論語・季氏』、孔安國注：「對異邦謙，故曰寡小君」『論語注疏・16』p. 262
・「如其禮樂，以俟君子」『論語・先進』、孔安國注：「當以待君子，謙辭也」『論語集解・6』(『儒藏・精華編104』p. 151)
・「如其禮樂，以俟君子」『論語・先進』孔安國注：「若禮樂之化，當以待君子。謙之辭也」『論語義疏・6』(『儒藏・精華編104』p. 414)

**2.5　揚雄**(BC53～AD18年　西漢)
・「臧，甬，侮，獲，奴，婢賤稱也」『方言校箋・3』p. 18
・「亡奴謂之臧，亡婢謂之獲。皆異方罵奴婢之醜稱也」『方言校箋・3』p. 19
・「儓，蒲北切，農夫之賤稱也」『方言校箋・3』p. 23
・「僻，商人醜稱也」『方言校箋・3』p. 23
・「傁，艾，長老也。東齊魯衛之間凡尊老謂之傁，或謂之艾」『方言箋疏・6』p. 45

**2.6　許慎**(58？～147年？　東漢)
・「孔子謂顏回曰：吾服汝也忘…」『淮南子・齊俗訓』、許慎注：「孔子謙，自謂無知，而服回，此忘行也」『淮南子集釋・11』p. 776
・「狐丘丈人謂孫叔敖曰」『淮南子・道應訓』、許慎注：「丈人，老而杖于人者」『淮南子集釋・12』p. 870
・「今日之戰，不穀親傷」『淮南子・人間訓』、許慎注：「不穀，不禄。人君謙以自稱也」『淮南子集釋・18』p. 1249

## 2.7　王逸(不詳　126〜144年在職　東漢)

- 「荃不揆余之中情兮」『楚辭・離騒第一』、王逸注：「荃, 香草, 以諭君也。人君被服芬香, 故以香草爲諭。<u>不敢指斥尊者, 故變言荃也</u>」『楚辭章句・1』(『兩漢全書・19』p. 11092)
- 「龍駕兮帝服」『楚辭・九歌・雲中君』、王逸注：「<u>言天尊雲神, 使之乘龍</u>」『楚辭集校集釋・上』p. 754
- 「與佳期兮夕張」『楚辭・九歌・湘夫人』、王逸注：「佳, 謂湘夫人也。<u>不敢指斥尊者, 故言佳也</u>」『楚辭集校集釋・上』p. 810
- 「思公子兮未敢言」『楚辭・九歌・湘夫人』、王逸注：「公子, 謂湘夫人也。<u>重以卑説尊, 故變言公子也</u>」『楚辭集校集釋・上』p. 815
- 「天問」『楚辭・天問』、王逸注：「何不言問天？<u>天尊</u>不可問, 故日天問也」『楚辭集校集釋・上』p. 1003
- 「皇天之不純命兮」『楚辭・九章・哀郢』、王逸注：「<u>言德美大稱皇天, 以興</u>君」『楚辭章句・4』(『兩漢全書・19』p. 11154)
- 「淺智褊能兮, 聞見又寡」『楚辭・七諫』、王逸注：「屈原多才有智, 博聞遠見, 而言淺狹者, 是其<u>謙</u>也」『楚辭集校集釋・下』p. 2364

## 2.8　馬融(79〜166年　東漢)

- 「子曰：學而時習之, 不亦説乎」『論語・學而』、馬融注：「子者, <u>男子之通稱</u>」『論語注疏・1』p. 1
- 「南宮適問於孔子曰：「羿善射, 奡盪舟, 俱不得其死然。禹、稷躬稼而有天下。」夫子不答」『論語・憲問』、馬融注：「括意欲以禹、稷比孔子。孔子<u>謙</u>, 故不答也」『論語注疏・14』pp. 207–208

## 2.9　趙岐(110〜201年　東漢)

- 「孟子」『孟子』、趙岐注：「子者, <u>男子之通稱</u>也」『孟子注疏・題辭』p. 4
- 「叟, 不遠千里而來」『孟子・梁惠王』、趙岐注：「叟長老之稱也」『孟子注疏・1』p. 2
- 「樂正子入見」『孟子・梁惠王』、趙岐注：「子, <u>通稱</u>」『孟子注疏・2』p. 77

・「昔者竊聞之」『孟子・公孫丑』、趙岐注：「孟子言昔日竊聞師言也，丑方問欲知孟子之德，故謙辭言竊聞也」『孟子注疏・3』p. 94
・「滕文公」『孟子・滕文公』、趙岐注：「公者，國人尊君之稱也」『孟子注疏・5』p. 152
・「其義則丘竊取之矣」『孟子・離婁』、趙岐注：「孔子自謂竊取之，以爲素王也。孔子人臣不受君命，私作之，故言竊，亦聖人之謙辭爾」『孟子注疏・8』p. 267
・「告子」『孟子・告子』、趙岐注：「子，男子之通稱也」『孟子注疏・11』p. 345
・「軻也請無問其詳」『孟子・告子』、趙岐注：「孟子敬宋牼，自稱其名曰軻」『孟子注疏・12』p. 383
・「萬子曰」『孟子・盡心』、趙岐注：「子，男子之通稱也」『孟子注疏・14』p. 477

### 2.10　服虔（不詳　東漢）

・「寡君之使婢子侍執巾櫛」『左傳・僖公』、服虔注：「婢子，婦人之卑偁也」『春秋傳服氏注・5』（『兩漢全書・23』p. 13524）
・「寡人不佞」『左傳・昭公』、服虔注：「佞，才也。不才者，自謙之辭也」『春秋傳服氏注・8』（『兩漢全書・23』p. 13551）
・「爲之歌王」『左傳・襄公』、服虔注：「王室當在雅，衰微而列在風，故國人稱尊之，故稱王，猶春秋之王人也」『春秋傳服氏注・9』（『兩漢全書・23』p. 13572）
・「遂以夫人婦姜至自齊」『左傳・宣公』、服虔注：「宣公既以喪娶，夫人從亦非禮，故不稱氏見略，賤之也」『春秋傳服氏注・7』（『兩漢全書・23』p. 13541）

### 2.11　鄭玄（127～200年　東漢）

・「予未有知思，曰贊贊襄哉」『尚書・皋陶謨』、鄭玄注：「言我未有所知，所思徒贊明帝德，暢我忠言而已。謙也」『尚書正義・4』p. 131

・「師尚父左杖黃鉞」鄭玄注：「號日尚父<u>尊之</u>」『鄭氏佚書・尚書注5』p. 12
・「孺子其朋」『尚書・洛誥』、鄭玄注：「孺子，<u>幼少之稱</u>」『尚書古今文注疏・19』p. 407
・「樂只君子，福履將之」『詩經・國風・周南・樛木』、鄭玄注：「此章申<u>殷勤之意</u>」『毛詩正義・1』p. 51
・「之子于歸，言秣其馬」『詩經・周南・漢廣』、鄭玄注：「<u>謙不敢斥其適己</u>」『毛詩正義・1』p. 66
・「送子涉淇」『詩經・衛風・氓』、鄭玄注：「子者，<u>男子之通稱</u>」『毛詩正義・3』p. 269
・「畏子不敢」『詩經・王風・大車』、鄭玄注：「子者，<u>稱所尊敬之辭</u>」『毛詩正義・4』p. 314
・「終遠兄弟，謂他人父」『詩經・王風・兔爰』、鄭玄注：「兄弟，猶言族親也。…族人尚<u>親親之辭</u>」『毛詩正義・4』p. 311
・「宜言飲酒，與子偕老」『詩經・唐風・羔裘』、鄭玄注：「<u>親愛之言也</u>」『毛詩正義・4』p. 345
・「叔兮伯兮，倡予和女」『詩經・鄭風・山有扶蘇』、鄭玄注「叔伯，<u>兄弟之稱</u>」『毛詩正義・4』p. 355
・「豈曰無衣六兮」『詩經・唐風・無衣』、鄭玄注：「變七言六者，<u>謙也</u>」『毛詩正義・6』p. 466
・「皇尸載起」『詩經・谷風・鼓鐘』、鄭玄注：「皇，君也…尸稱君，<u>尊之也</u>」『毛詩正義・13』p. 960
・「神嗜飲食，使君壽考」『詩經・谷風・鼓鐘』、鄭玄注：「此其<u>慶辭</u>」『毛詩正義・13』p. 963
・「維師尚父」『詩經・大雅・文王』、鄭玄注：「尚父，呂望也，<u>尊稱焉</u>」『毛詩正義・16』p. 1144
・「思齊大任」『詩經・大雅・文王・思齊』、鄭玄注：「大姜言周，大任言京，見其謙恭，<u>自卑小也</u>」『毛詩正義・16』p. 1183
・「八曰臣妾」『周禮・天官・大宰』、鄭玄注：「臣妾，<u>男女貧賤之稱</u>」『周禮注疏・2』p. 38

・「七日嬪婦」『周禮・天官・大宰』、鄭玄注:「嬪,婦人之美稱也」『周禮注疏・2』p. 38
・「郷老,二郷則公一人」『周禮・地官司徒』、鄭玄注:「老,尊稱也」『周禮注疏・9』p. 264
・「凡王弔臨,共介鬯」『周禮・鬯人』、鄭玄注:「以尊適卑曰臨」『周禮注疏・19』p. 604
・「辨六號」『周禮・胝祲』、鄭玄注:「號,謂尊其名,更爲美稱焉」『周禮注疏・25』p. 780
・「某有子某,將加布於其首,願吾子之教之也」『儀禮・士冠禮』、鄭玄注:「子,男子之美稱」『儀禮注疏・3』p. 55
・「曰伯某甫」鄭玄注:「甫是丈夫之美稱」『儀禮注疏・3』p. 58
・「冠而字之,敬其名也」『儀禮・士冠禮』、鄭玄注:「名者,質,所受於父母,冠成人,益文,故敬之也」『儀禮注疏・3』p. 62
・「敢請女爲誰氏」『儀禮・士昏禮』、鄭玄注:「誰氏者,謙也,不必其主人之女」『儀禮注疏・6』p. 117
・「非他」『儀禮・公食大夫禮』、鄭玄注:「言非他者,親之辭」『儀禮注疏・26』p. 597
・「某得以爲昏姻之故,不敢固辭,敢不從」『儀禮・士昏禮』、鄭玄注:「不言外,亦彌親之辭」『儀禮注疏・6』p. 124
・「願吾子之教之也」『儀禮・士冠禮』、鄭玄注:「吾子,相親之辭」『儀禮注疏・3』p. 55
・「某以非他故,不足以辱命,請終賜見」『儀禮・士昏禮』、鄭玄注:「非他故,彌親之辭」『儀禮注疏・6』p. 124
・「賓辭,坐取觶以興。介則薦南奠之。介坐受以興」『儀禮・鄉飲酒禮』、鄭玄注:「賓言取,介言受,尊卑異文。今文曰賓受」『儀禮注疏・10』p. 183
・「寡君有不腆之酒」『儀禮・燕禮』、鄭玄注:「寡,鮮也,猶言少德,謙也」『儀禮注疏・15』p. 331
・「公問君」『儀禮・聘禮』、鄭玄注:「於此可以問君居處爲於,序殷勤也」『儀禮注疏・21』p. 470

・「既將公事，賓請歸」『儀禮・聘禮』、鄭玄注：「謂己問大夫，事畢請歸，不敢自專，<u>謙也</u>」『儀禮注疏・24』p. 544
・「予一人嘉之」『儀禮・公食大夫禮』、鄭玄注：「嘉之者，<u>美之辭也</u>」『儀禮注疏・26』p. 597
・「是嫂亦可謂之母乎？」『儀禮・喪服』、鄭玄注：「嫂者，<u>尊嚴之稱</u>」『儀禮注疏・32』p. 699
・「是嫂亦可謂之母乎」『儀禮・喪服』、鄭玄注：「嫂猶叟也，<u>叟老人稱也</u>」『儀禮注疏・32』p. 699
・「童子，唯當室緦」『儀禮・喪服』、鄭玄注：「童子，<u>未冠之稱也</u>」『儀禮注疏・卷第34』p. 725
・「敢用絜牲交剛鬣」『儀禮・士虞禮』、鄭玄注：「敢，<u>昧冒之辭</u>」『儀禮注疏・43』p. 950
・「自稱曰：老夫」『禮記・曲禮上』、鄭玄注：「老夫，<u>老人稱也</u>」『禮記正義・1』p. 23
・「先生召無諾，唯而起」鄭玄注：「應辭，唯<u>恭</u>於諾」『禮記正義・2』p. 53
・「天子未除喪曰：『予小子』」『禮記・曲禮下』、鄭玄注：「<u>謙</u>，未敢稱一人」『禮記正義・4』p. 147
・「國君去其國，止之曰：奈何去社稷也」『禮記・曲禮下』、鄭玄注：「皆臣民<u>殷勤之言</u>」『禮記正義・4』p. 142
・「内事曰孝王某，外事曰嗣王某」『禮記・曲禮下』、鄭玄注：「皆<u>祝辭也</u>」『禮記正義・4』p. 144
・「於内自稱曰「不穀」」『禮記・曲禮下』、鄭玄注：「與民言之<u>謙稱</u>」『禮記正義・5』p. 159
・「於外曰「子」」『禮記・曲禮下』、鄭玄注：「子，<u>有德之稱</u>」『禮記正義・5』p. 171
・「其與民言自稱曰「寡人」」『禮記・曲禮下』、鄭玄注：「<u>謙也</u>，於臣亦然」『禮記正義・5』p. 166
・「天子同姓謂之伯父，異姓謂之伯舅」『禮記・曲禮下』、鄭玄注：「稱之以父與舅，<u>親親之辭也</u>」『禮記正義・5』p. 156

・「世婦以下自稱婢」『禮記・曲禮』、鄭玄注：「婢子，婦人之卑稱也」『春秋傳服氏注 5』p. 9

・「嗟來食」『禮記・檀弓下』、鄭玄注：「雖閔而呼之，非敬辭」『禮記正義・10』p. 370

・「列事未盡不問」鄭玄注：「錯尊者之語，不敬也」『禮記正義・12』p. 735

・「天子曰「予一人」」『禮記・玉藻』、鄭玄注：「謙，自別於人而已」『禮記正義・30』p. 1081

・「某固願聞名於將命者」『禮記・少儀』、鄭玄注：「即君子之門，而云願以名聞於奉命者、謙遠之也」『禮記正義・17』p. 1181

・「童子之節也」『禮記・玉藻』、鄭玄注：「童子，未冠之稱也」『禮記正義・30』p. 1069

・「某固願見」『禮記・少儀』、鄭玄注：「願見，願見於將命者，謙也」『禮記正義・35』p. 1182

・「問品味，曰「子，亟食於某乎？」」『禮記・少儀』、鄭玄注：「不斥人，謙也」『禮記正義・35』p. 1187

・「其以乘酒、束脩、一犬賜人」鄭玄注：「於卑者曰賜，於尊者曰獻」『禮記正義・35』p. 1205

・「爲己祭而致膳於君子曰「膳」」『禮記・少儀』、鄭玄注：「自祭言「膳」，謙也」『禮記正義・35』p. 1221

・「夫人曰：寡小君不祿」『禮記・雜記上』、鄭玄注：「君夫人不稱薨，告他國君，謙也」『禮記正義・40』p. 1348

・「寡君有宗廟之事，不得承事，使一介老某相執綍」『禮記・雜記上』、鄭玄注：「言欲入視喪所不足而助之，謙也」『禮記正義・41』p. 1389

・「祭，稱孝子，孝孫。喪，稱哀子，哀孫」『禮記・雜記』、鄭玄注：「各以其義稱」『禮記正義・41』p. 1373

・「陽童某甫」『禮記・雜記上』、鄭玄注：「童，未成人之稱也」『禮記正義・41』p. 1365

・「請君之玉女，與寡人共有敝邑」『禮記・祭統』、鄭玄注：「言玉女者，美言之也」『禮記正義・49』p. 1572

- 「丘也小人，不足以知禮」『禮記・哀公問』、鄭玄注：「謙不答也」『禮記正義・50』p. 1603
- 「自稱其君曰寡君」『禮記・坊記』、鄭玄注：「寡君，猶言少德之君，<u>言之謙</u>」『禮記正義・51』p. 1641
- 「賜灌」『大戴禮記・投壺』、鄭玄注：「言賜灌者，服而爲<u>尊敬辭</u>也」『大戴禮記解詁・12』p. 242
- 「某有枉矢哨壺」『大戴禮記・投壺』、鄭玄注：「枉，哨，不正貌，<u>爲謙辭</u>也」『大戴禮記解詁・12』p. 240
- 「吾何執？執御乎？執射乎？吾執御矣」『論語・子罕』、鄭玄注：「聞人美之，承以<u>謙</u>也。吾執御者，欲名六藝之卑也」『論語集解・5』(『儒蔵・精華編104』p. 140)
- 「曾子曰唯」『論語・里仁』、鄭玄注：「唯者，<u>應敬之辭</u>」『唐寫本論語鄭氏注』(『儒蔵・精華編281』p. 383)
- 「竊比於我老(彭)」『論語・述而』、鄭玄注：「比於此二人者，<u>謙</u>」『唐寫本論語鄭氏注』(『儒蔵・精華編281』p. 418)
- 「躬行君子，則吾未之有德」『論語・述而』、鄭玄注：「躬行君子之，則我未有與之等者，<u>謙</u>也」『唐寫本論語鄭氏注』(『儒蔵・精華編281』p. 432)
- 「吾何執？執御乎？執射乎？吾執御矣」『論語・子罕』、鄭玄注：「聞人美之，承之以<u>謙</u>。吾於所名，當何所執乎？吾執御者，欲名六藝之藝事。」『唐寫本論語鄭氏注』(『儒蔵・精華編281』p. 446)
- 「蓋天子之孝也」『孝經・天子章』、鄭玄注：「蓋者<u>謙辭</u>」『孝經注』p. 4
- 「治家者不敢失於臣妾」『孝經・孝治章』、鄭玄注：「臣，男子賤稱；妾，<u>女子賤稱</u>」『孝經注』p. 10

## 2.12 何休(129〜182年 東漢)

- 「何以不言及仲子」『公羊傳・隱公』、何休注：「据及者，別公夫人尊卑文也。仲子即<u>卑稱</u>也」『春秋公羊傳注疏・1』p. 26
- 「吾立乎此，攝也」『公羊傳・隱公』、何休注：「暫攝行君事，不得傳與子也。<u>謙辭</u>」『春秋公羊傳注疏・2』p. 49

・「陳侯使女叔來聘」『春秋（經）・莊公』、何休注：「稱字者，敬老也」『春秋公羊傳注疏・8』p. 199
・「重師也」『公羊傳・僖公』、何休注：「外內皆同，卑其辭者，深爲與人者重之」『春秋公羊傳注疏・12』p. 294
・「杞子來朝」『春秋（經）・僖公』、何休注：「貶稱子者，起其無禮不備，故魯入之」『春秋公羊傳注疏・12』p. 297
・「歸于者，非執之于天子之側者也。罪定不定，未可知也」『公羊傳・僖公』、何休注：「無罪而執人，當貶稱人」『春秋公羊傳注疏・12』p. 305
・「寡人無良邊垂之臣」『公羊傳・宣公』、何休注：「言己有過於楚邊垂之臣，謙不敢斥莊王」『春秋公羊傳注疏・16』p. 406
・「錫之不毛之地」『公羊傳・宣公』、何休注：「謙不敢求肥饒」『春秋公羊傳注疏・16』p. 406
・「使帥一二耋老而綏焉」『公羊傳・宣公』、何休注：「謙不敢多索丁夫」『春秋公羊傳注疏・16』p. 406
・「莊王曰：君之不令臣交易爲言」『公羊傳・宣公』、何休注：「是亦莊王謙不斥鄭伯之辭」『春秋公羊傳注疏・16』p. 407
・「杞子來盟」『春秋（經）・襄公』、何休注：「貶稱子者，微弱不能自城」『春秋公羊傳注疏・21』p. 533
・「失守魯國之社稷，執事以羞」『公羊傳・昭公』、何休注：「謙自比齊下執事，言以羞及君」『春秋公羊傳注疏・24』p. 604
・「敢致于糗于從者」『公羊傳・昭公』、何休注：「謙不敢斥魯侯，故言從者」『春秋公羊傳・24』p. 605
・「寡人有不腆先君之服，未之敢服」『公羊傳・昭公』、何休注：「言未敢服者，見魯侯乃敢服之，謙辭也」『春秋公羊傳注疏・24』p. 606
・「昭公曰：喪人其何稱」『公羊傳・昭公』、何休注：「時齊侯以諸侯遇禮接昭公，昭公自嫌失國，不敢以故稱自稱，故執謙問之」『春秋公羊傳・24』p. 607
・「如丈夫何」『公羊傳・定公』、何休注：「丈夫，大人稱也」『春秋公羊傳注疏・26』p. 657

## 2.13　高誘（不詳　205 年に在職　東漢）

- 「是故貴者必以賤爲號」『淮南子・原道訓』、高誘注：「貴者謂公、王、侯伯。稱孤寡不穀，故曰<u>以賤爲號</u>」『淮南子集釋・1』p. 49
- 「以年之少，爲閭丈人説」『淮南子・脩務訓』、高誘注：「丈人，<u>長老之稱</u>」『淮南子集釋・19』p. 1256
- 「是故鍾子期死而伯牙絶絃破琴」『淮南子・脩務訓』、高誘注：「子，<u>通稱</u>」『淮南子集釋・19』p. 1355
- 「謝子山東辯士」『淮南子・脩務訓』、高誘注：「子，<u>通稱</u>」『淮南子集釋・19』p. 1356
- 「墨者有鉅子腹䵍」『呂氏春秋・去私』、高誘注：「鉅，姓。子，<u>通稱</u>」『呂氏春秋新校釋・1』p. 60
- 「鍾子期夜聞撃磬者而悲」『呂氏春秋・精通』、高誘注：「鍾，姓也。子，<u>通稱</u>。期，名也」『呂氏春秋新校釋・9』p. 520
- 「見一丈人」『呂氏春秋・異寶』、高誘注：「丈人，<u>長老稱也</u>」『呂氏春秋新校釋・10』p. 564
- 「善生乎君子，誘然與明争光」『淮南子・繆稱訓』高誘注：「誘，<u>美稱也</u>」『淮南子集釋・10』p. 739
- 「鍾子期死」『呂氏春秋・本味』高誘注：「鍾，氏；期，名；子，皆<u>通稱</u>」『呂氏春秋新校釋・14』p. 752
- 「君民孤寡而不可障壅」『呂氏春秋・君守』、高誘注：「孤寡，<u>人君之謙稱</u>也。能自卑謙名譽者，不可防障」『呂氏春秋新校釋・17』p. 1072
- 「南面稱寡」『呂氏春秋・士容』、高誘注：「孤寡，<u>謙稱也</u>」『呂氏春秋新校釋・26』p. 1702

## 2.14　王肅（195 ～ 256 年　三国魏）

- 「予小臣敢以王之讎民百君子」『尚書・召誥』、王肅注：「我小臣，召公自謂是小臣，爲召公<u>謙辭</u>」『尚書王氏注』(『魏晋全書・2』p. 200)
- 「韓侯取妻，汾王之甥，蹶父之子」『毛詩・蕩之什』、王肅注：「傳云 "汾，大也"，蹶父，卿士也。大王，<u>王之尊稱也</u>」『毛詩王氏注』(『魏晋全書・2』

p. 231）
- 「嗚呼哀哉！尼父毋自律」『春秋左傳・哀公』、王肅注：「父，丈夫之顯稱也」『春秋左氏傳王氏注』（『魏晋全書・2』p. 273）
- 「孔子對曰：如君之言已知之矣，則丘亦無所聞焉」『孔子家語・五儀解』、王肅注：「君如此言已爲知之，故無所復言。謙以誘進哀公矣」『孔子家語・1』（『魏晋全書・2』p. 309）
- 「於乎哀哉！尼父無自律」『孔子家語・終記』、王肅注：「父，丈夫之顯稱」『孔子家語・9』（『魏晋全書・2』p. 363）

## 2.15　杜預（222〜284年　三国晋）

- 「衛國褊小，老夫耄矣」『左傳・隱公』、杜預注：「稱國小己老，自謙以委陳，使因其往就圖之」『春秋左傳正義・3』p. 101
- 「齊仲年來聘，致夫人也」『左傳・桓公』、杜預注：「古者女出嫁，又使大夫隨加聘問，存謙敬，序殷勤也」『春秋左傳正義・6』p. 184
- 「且列國有凶，稱孤，禮也」『左傳・莊公』、杜預注：「列國，諸侯。無凶則常稱寡人」『春秋左傳正義・9』p. 280
- 「齊高子來盟」『春秋（經）・閔公』、杜預注：「子，男子之美稱」『春秋左傳正義・11』p. 351
- 「豈不穀是爲」『左傳・僖公』、杜預注：「孤，寡，不穀，諸侯謙稱」『春秋左傳正義・12』p. 380
- 「王曰小童，公侯曰子」『左傳・僖公』、杜預注：「小童者，童蒙幼末之稱」『春秋左傳注疏・13』p. 408
- 「公子季友卒」『春秋（經）・僖公』、杜預注：「稱字者貴之」『春秋左傳正義・14』p. 443
- 「寡君之使婢子侍執巾櫛」『左傳・僖公』、杜預注：「婢子，婦人之卑稱也」『春秋左傳正義・15』p. 461
- 「雖及胡耇」『左傳・僖公』、杜預注：「胡耇，元老之稱」『春秋左傳正義・15』p. 463
- 「杞子卒」『春秋（經）・僖公』、杜預注：「杞入春秋侯，莊二十七年紐稱伯，

至此用夷禮，貶稱子」『春秋左傳正義・15』p. 467
- 「天子凶服降名，禮也」『左傳・僖公』、杜預注：「降名，稱不穀」『春秋左傳正義・15』p. 487
- 「書曰"子"，杞，夷也」『左傳・僖公』、杜預注：「成公始行夷禮以終其身，故於卒貶之，杞實稱伯，仲尼以文貶稱子，故傳言"書曰子"以明之」『春秋左傳正義・15』p. 468
- 「衛人伐晉」『春秋（經）・文公』、杜預注：「衛孔達爲政，不共盟主，興兵隣國，受討喪邑，故貶稱"人"」『春秋左傳正義・18』p. 555
- 「晉人納捷菑于邾，弗克納」『春秋（經）・文公』、杜預注：「雖有服義之善，所興者廣，所害者衆，故貶稱"人"」『春秋左傳正義・19』p. 630
- 「呼，役夫！」『左傳・文公』、杜預注：「役夫，賤者稱」『春秋左傳正義・18』p. 560
- 「冬，十月，子卒」『春秋（經）・文公』、杜預注：「子，在喪之稱」『春秋左傳正義・20』p. 659
- 「夏，晉人、宋人、衛人、陳人侵鄭」『春秋（經）・宣公』、杜預注：「失霸者之義，故貶稱人」『春秋左傳正義・21』p. 679
- 「遂以夫人婦姜至自齊。尊夫人也」『左傳・宣公』、杜預注：「遂不言公子，替其尊稱，所以成小君之尊也」『春秋左傳正義・21』p. 676
- 「楚人殺陳夏徵舒」『春秋（經）・宣公』、杜預注：「不言楚子而稱人，討賊辭也」『春秋左傳正義・22』p. 721
- 「晉人、宋、衛人、曹人同盟于清丘」『春秋（經）・宣公』、杜預注：「晉、衛背盟，故大夫稱人」『春秋左傳正義・23』p. 727
- 「趙傁在後」『左傳・宣公』、杜預注：「傁，老稱也」『春秋左傳正義・23』p. 749
- 「大國朝夕釋憾於敝邑之地」『左傳・成公』、杜預注：「敝邑，魯、衛自稱」『春秋左傳正義・25』p. 797
- 「無令輿師陷入君地」『左傳・成公』、杜預注：「本但爲二國救請，不欲乃過入君地，謙辭」『春秋左傳正義・25』p. 800
- 「臣辱戎士」『左傳・成公』、杜預注：「此蓋韓厥自處臣僕，謙敬之飾言」

『春秋左傳正義・25』p. 800

・「天子使召伯來賜公命」『春秋（經）・成公』、杜預注：「天子、天王，<u>王者之通稱</u>」『春秋左傳正義・26』p. 839
・「晉侯使郤錡來乞師」『春秋（經）・成公』、杜預注：「侯伯當召兵，而乞師，<u>謙辭</u>」『春秋左傳正義・27』p. 864
・「曾臣彪將率諸侯以討焉」『左傳・襄公』、杜預注：「稱臣者，明上有天子，以<u>謙</u>告神」『春秋左傳正義・33』p. 1088
・「寡君以朝于執事」『左傳・襄公』、杜預注：「言朝執事，<u>謙不敢斥晉侯</u>」『春秋左傳正義・35』p. 1125
・「先大夫子蟜又從寡君以觀釁於楚」『左傳・襄公』杜預注：「實朝，言觀釁，<u>飾辭</u>也」『春秋左傳正義・35』p. 1125
・「請免死之邑」『左傳・襄公』、杜預注：「欲宋君稱功厚賞，故<u>謙</u>言免死之邑也」『春秋左傳正義・38』p. 1224
・「鍼懼選，楚公子不獲，是以皆來，亦唯命」『左傳・昭公』、杜預注：「不獲，不得自安。言俱奔，事有優劣，唯主人命所處。<u>謙辭</u>」『春秋左傳正義・41』p. 1346
・「寡君有社稷之事，是以不獲春秋時見」『左傳・昭公』、杜預注：「言不得自往，<u>謙辭</u>」『春秋左傳正義・42』p. 1373
・「小國習之，大國用之，敢不薦聞」『左傳・昭公』、杜預注：「言所聞，<u>謙示所未行</u>」『春秋左傳正義・42』p. 1382
・「從我者子乎」『左傳・昭公』、杜預注：「子，<u>男子之通稱</u>」『春秋左傳正義・45』p. 1500
・「天子之老，請帥王賦」『左傳・昭公』、杜預注：「天子大夫<u>稱老</u>」『春秋左傳正義・46』p. 1523
・「寡君未知其罪，合諸侯而執其老」『左傳・昭公』、杜預注：「老，<u>尊卿稱</u>」『春秋左傳正義・46』p. 1534

## 2.16　王弼（226〜249 年　晋）

・「貞丈人」『周易・師』、王弼注：「丈人，<u>嚴莊之稱</u>」『周易正義・2』p. 60

・「歸妹」『周易・歸妹』、王弼注：「妹者，少女之稱也」『周易正義・5』p. 257
・「聖人吾不得而見之矣！得見君子者，斯可矣」『論語・述而』、王弼注：「此爲聖人與君子異也。然德足君物，皆稱君子，亦有德者之通稱也」『論語釋疑』(『魏晋全書・2』p. 87)

## 2.17　范寧（4世紀頃　晋）

・「季子來歸」『春秋（經）・莊公』、范寧注：「大夫稱名氏，今日子，是貴之也。子，男子之美稱」『春秋穀梁傳注疏・6』p. 120
・「天子使叔服來會葬」『春秋（經）・文公』、范寧注：「字者貴稱，故可獨達也」『春秋穀梁傳注疏・10』p. 181
・「天王使王季子來聘」『春秋（經）・宣公』、范寧注：「子者，人之貴稱」『春秋穀梁傳注疏・12』p. 230
・「天子使召伯來錫公命」『春秋（經）・成公』、范寧注：「天王、天子，王者之通稱」『春秋穀梁傳注疏・13』p. 256
・「吳子使札來聘」『春秋（經）・襄公』、范寧注：「春秋賢者不名，而札名者，許夷狄不一而足，唯成吳之尊稱」『春秋穀梁傳注疏・16』p. 311

## 2.18　皇侃（488～545年　南北・梁）

・「子曰」『論語・學而』、皇侃注：「子是有德之稱」『論語義疏・1』(『儒蔵・精華編104』p. 214)
・「人不知而不慍，不亦君子乎？」『論語・學而』、皇侃注：「君子，有德之稱也」『論語義疏・1』(『儒蔵・精華編104』p. 216)
・「禘自既灌而往者」『論語・八佾』、孔安國注：「禘，祫之禮，爲序昭穆也」『論語訓解』、皇侃注：「昭者，明也，尊父故曰明也」『論語義疏・2』(『儒蔵・精華編104』p. 255)
・「竊比於我於老彭」『論語・述而』、皇侃注：「孔子欲自比之，而謙不敢均然，故曰竊比也」『論語義疏・4』(『儒蔵・精華編104』p. 319)
・「我非生而知之者」『論語・述而』、皇侃注：「孔子謙以同物，故曰我有所

・「知，非生而自然知之者也」『論語義疏・4』(『儒藏・精華編104』p. 330)
・「爲同姓，謂之吳孟子」『論語・述而』、皇侃注：「禮稱，婦人皆稱國及姓」『論語義疏・4』(『儒藏・精華編104』p. 335)
・「文莫，吾猶人也」『論語・述而』、皇侃注：「孔子謙也」『論語義疏・4』(『儒藏・精華編104』p. 336)
・「若聖與仁，則吾豈敢？」『論語・述而』、皇侃注：「亦謙也。言聖及仁則吾不敢自許有，故云"豈敢"也。不敢自名已有此二事也」『論語義疏・4』(『儒藏・精華編104』p. 336)
・「吾何執」『論語・子罕』、皇侃注：「欲自謙也」『論語義疏・5』(『儒藏・精華編104』p. 356)
・「以吾從大夫之後」『論語・先進』、皇侃注：「然實爲大夫，而云從大夫後者，孔子謙也」『論語義疏・6』(『儒藏・精華編104』p. 399)
・「以俟君子」『論語・先進』、皇侃注：「又謙也」『論語義疏・6』(『儒藏・精華編104』p. 414)
・「南宮適出，子曰」『論語・憲問』、皇侃注：「孔子不對答適，是謙也」『論語義疏・7』(『儒藏・精華編104』p. 454)
・「以吾從大夫之後，不敢不告也」『論語・憲問』、皇侃注：「云從大夫後者，孔子謙也」『論語義疏・7』(『儒藏・精華編104』p. 468)
・「君子道者三，我無能焉」『論語・憲問』、皇侃注：「夫子自謙，我不能行其一也」『論語義疏・7』(『儒藏・精華編104』p. 470)
・「闕黨童子將命矣」『論語・憲問』、皇侃注：「童子，未冠者之稱」『論語義疏・7』(『儒藏・精華編104』p. 480)
・「夫人自稱曰小童」『論語・季氏』、皇侃注：「小童，幼少之目也，謙不敢自以比於成人也」『論語義疏・8』(『儒藏・精華編104』p. 510)
・「遇丈人，以杖荷蓧」『論語・微子』、皇侃注：「丈人者，長宿之稱也」『論語義疏・9』(『儒藏・精華編104』p. 541)
・「予小子履」『論語・堯曰』、皇侃注：「小子，湯自稱，謙也」『論語義疏・10』(『儒藏・精華編104』p. 562)

## 2.19　孔穎達(574～648年　唐)

- 「伏犧、神農、黄帝之書」『尚書序』、孔穎達注：「帝號同天，名所莫加，優而稱"皇"者，以"皇"是美大之名，言大於帝也。故後代措廟立王，<u>尊之曰"皇"</u>，生者莫敢稱焉。而士庶祖父稱曰"皇"者，以取美名，可以<u>通稱</u>故也」『尚書正義・1』p. 5

- 「一人元良，萬邦以貞」『尚書・太甲下』、孔穎達注：「謂天子爲"一人"者，其義有二。一則天子自稱"一人"，是爲<u>謙辭</u>，言己是人中之一耳。一則臣下謂天子爲"一人"，是爲<u>尊稱</u>，言天下惟一人而已」『尚書正義・8』p. 255

- 「予旦以多子越御事」『尚書・洛誥』、孔穎達注：「"子"者，<u>有德之稱</u>」『尚書正義・15』p. 491

- 「相小人，厥父母勤勞稼穡」『尚書・無逸』、孔安國注：「小人之子既不知父母之勞」、孔穎達注：「此言"小人之子"者，"小人"謂無知之人，亦是<u>賤者之稱</u>」『尚書正義・16』p. 508

- 「惟予一人釗報誥」『尚書・康王之誥』、孔穎達注：「禮天子自稱予一人，不言名。此王自稱名者，新即王位，<u>謙</u>也」『尚書正義・19』p. 613

- 「是以君子恭敬撙節退讓以明禮」『禮記・曲禮上』、孔穎達注：「君子是有德有爵之<u>通稱</u>」『禮記正義・1』p. 19

- 「恒言不稱老」『禮記・曲禮上』、孔穎達注：「老是<u>尊稱</u>，若其稱老，乃是己自尊大，非是孝子卑退之情」『禮記正義・1』p. 32

- 「女子許嫁」『禮記・曲禮上』、孔穎達注：「女子，<u>婦人通稱也</u>」『禮記正義・2』p. 60

- 「某有負薪之憂」『禮記・曲禮下』、孔穎達注：「而今士云"負薪"者，亦<u>謙辭也</u>」『禮記正義・4』p. 126

- 「諸侯失地，名」『禮記・曲禮下』、孔穎達注：「"諸侯不生名"者，諸侯南面之尊，名者<u>質賤之稱</u>」『禮記正義・5』p. 174

- 「聞之，始服衣若干尺矣」『禮記・曲禮下』、孔穎達注：「<u>謙不敢言見也</u>」『禮記正義・5』p. 176

- 「自稱於其君曰：小童」『禮記・曲禮下』、孔穎達注：「小童，<u>未成人之稱</u>

也，其與夫言，自謙稱爲小童，若未成人，言無知也」『禮記正義・5』p. 173

・「尼父」『禮記・檀弓上』、孔穎達注：「父且字甫，是丈夫之美稱，稱字而呼」『禮記正義・8』p. 292

・「爲介子某薦其常事」『禮記・曾子』、孔穎達注：「今云"介子某"者，庶子卑賤之稱」『禮記正義・19』p. 706

・「其在軍，則守於公禰」『禮記・文王世子』、孔穎達注：「行主是遷主，而呼爲禰者，既在國外，郤依親親之辭」『禮記正義・20』p. 750

・「仲尼之嘆，蓋嘆魯也」『禮記・禮運』、孔穎達注：「言"蓋"者，謙爲疑辭，不即指正也」『禮記正義・21』p. 768

・「子亟食於某乎」『禮記・少儀』、孔穎達注：「乎者，謙退之辭」『禮記正義・35』p. 1188

・「古者天子，諸侯必有養獸之官，及歲時，齊戒沐浴而躬朝之」『禮記・祭義』、孔穎達注：「言朝者，敬辭也」『禮記正義・48』p. 1552

・「寡人既聞此言也，無如後罪何」『禮記・哀公問』、孔穎達注：「此一節明哀公問事畢，有謙退之辭。…言寡人以聞子之言，勤力而行，但己之才弱，無奈後日遇於其事而有罪戾何？是謙退之辭」『禮記正義・50』p. 1613

・「請期」『禮記・昏義』、孔穎達注：「何必"請"者，男家不敢自專，執謙敬之辭，故云"請"也」『禮記正義・61』p. 1888

・「先君舍與夷而立寡人」『左傳・隱公三年』、孔穎達注：「老子曰"孤寡不穀，王侯之謙稱"，故以下諸侯自稱，亦多言不穀」『春秋左傳正義・3』p. 88

・「豈不穀是爲」『左傳・僖公』、孔穎達注：「此齊侯自稱"不穀"，襄王出奔亦稱"不穀"，皆出自當時之意耳。爾雅訓穀爲善。穀是養人之物，言我不似穀之養人，是謙也」『春秋左傳正義・12』p. 380

・「雖及胡耇」『左傳・僖公』、孔穎達注：「胡是老之稱也」『春秋左傳正義・15』p. 463

・「夏，晉人、宋人、衛人、陳人侵鄭」『春秋（經）・宣公』、杜預注：「失霸者之義，故貶稱人」、孔穎達注：「諸經貶諸侯之卿稱人者，傳皆言其名氏。此

傳唯稱趙盾及諸侯之師侵鄭，諸侯之將不言名氏，則實是微者，非貶之也。趙盾畏楚而還，故貶之稱人」『春秋左傳正義・21』p. 679

### 2.20　楊士勛(7世紀　唐)

・「齊人來歸子叔姬」『春秋(經)・文公』、楊士勛注：「稱子是尊貴之辭。雖云來歸以貴辭言之，非是有罪之稱，故云欲其免也」『春秋穀梁傳注疏・15』p. 210

### 2.21　賈公彥(7世紀　唐)

・「願吾子之教之也」『儀禮・士冠禮』、鄭玄注：「子，男子之美稱」、賈公彥注：「云"男子之美稱"者，古者稱師曰子。又公羊傳云："名不若字，字不若子"是子者，男子之美稱也。今請賓與子加冠，故以美稱呼之也」『儀禮注疏・3』p. 55

・「冠而字之，敬其名也」『儀禮・士冠禮』、鄭玄注：「名者，質，所受於父母，冠成人，益文，故敬之也」、賈公彥注：「云"冠成人，益文"者，對名是受於父母，爲質，字者受於賓，爲文。故君父之前稱名，至於他人稱字也。是敬定名也」『儀禮注疏・3』p. 62

・「作受酬者曰：某酬某子」『儀禮・鄉射禮』、賈公彥注：「酬者稱字，受酬者稱子，子是尊稱」『儀禮注疏・12』p. 257

・「是嫂亦可謂之母乎」『儀禮・喪服』、鄭玄注：「嫂猶叟也，叟老人稱也」、賈公彥注：「叟有兩號，若孔注尚書"西蜀叟"。叟是頑愚之惡稱；若左氏傳云"趙叟在後"，叟是老人之善名。是以名爲嫂，嫂婦人之老，稱故云老人之稱」『儀禮注疏・32』p. 700

・「敢用絜牲交剛鬣」『儀禮・士虞禮』、鄭玄注：「敢，昧冒之辭」、賈公彥注：「凡言"敢"者，皆是以卑觸尊，不自明之意，故云昧冒之辭」『儀禮義疏・43』p. 952

### 2.22　李善(？～689年　唐)

・「七相五公」『班孟堅・京都上・西都賦』、李善注：「公，御史大夫，將軍通

- 「稱也」(『文選李注義疏・1』p. 55)
- 「有憑虛公子者」『張平子・京都上・西京賦』、李善注:「『博物志』曰:王孫、公子、皆古人相推敬之辭」(『文選李注義疏・2』p. 246)
- 「鄙生生乎三百之外」『張平子・京都上・西京賦一首』、李善注:「鄙生,公子自稱,謙辭也」(『文選李注義疏・2』p. 482)
- 「蒙竊惑焉」『張平子・京都上・西京賦』、李善注:「蒙,謙稱也」(『文選李注義疏・2』p. 490)
- 「僕樂齊王之欲夸僕以車騎之衆」『司馬長卿・子虛賦』、李善注:「『廣蒼』曰:僕,謂附著於人,然自卑之稱也」(『文選李注義疏・7』p. 1627)

### 2.23 楊倞(9世紀頃　唐)

- 「老老而狀者歸焉」『荀子・修身篇』、楊倞注:「老老,謂以老爲老而尊敬之也」『荀子校釋・1』p. 76
- 「處女莫不願得以爲士」『荀子・非相篇』、楊倞注:「士者,未嫁娶之稱」『荀子校釋・3』p. 171
- 「彼學者,行之,曰士」『荀子・儒効篇』、楊倞注:「士者,脩立之稱」『荀子校釋・4』p. 284
- 「送死不忠厚、不敬文、謂之瘠」『荀子・禮論篇』、楊倞注:「謂行乞人,罵辭」『荀子校釋・13』p. 774
- 「莫敢犯大上之禁」『荀子・君子篇』、楊倞注:「大,讀爲太,太上,至尊之號」『荀子校釋・17』p. 968
- 「天子御珽,諸侯御荼,大夫服笏,禮也」『荀子・大略篇』、楊倞注:「御、服,皆器用之名。尊者謂之御,卑者謂之服」『荀子校釋・19』p. 1038
- 「君子聽律習容而后士」『荀子・大略篇』、楊倞注:「君子,在位者之通稱」『荀子校釋・19』p. 1060
- 「嬰貧無財,請假於君子,贈吾子以言」『荀子・大略篇』、楊倞注:「假於君子,謙辭也」『荀子校釋・19』p. 1082
- 「是老也欺予」『荀子・宥坐篇』、楊倞注:「老,大夫之尊稱」『荀子校釋・20』p. 1111

・「君之所問，聖君之問也。丘，小人也，何足以知之」『荀子・哀公篇』、楊倞注：「美大其問，故謙不敢對也」『荀子校釋・20』p. 1157

## 2.24　邢昺(932〜1010年　北宋)

・「子曰：學而時習之，不亦悅乎」『論語・學而』、邢昺注：「經傳凡敵者相謂皆言吾子，或直言子，稱師亦曰子，是子者，男子有德之通稱也」『論語注疏・1』p. 2
・「述而不作，信而好古，竊比於我老彭」『論語・述而』、邢昺注：「此章記仲尼著述之謙也。…猶不敢顯言，故云竊」『論語注疏・7』p. 93
・「吾何執？執御乎？執射乎？吾執御矣」『論語・子罕』、邢昺注：「以爲人僕御，是六藝之卑者，孔子欲名六藝之卑，故云吾執御矣。謙之甚矣」『論語注疏・9』p. 129
・「吾不徒行以爲之椁。以吾從大夫之後，不可徒行也」『論語・先進』、邢昺注：「孔子時爲大夫，言從大夫之後者，謙辭也」『論語注疏・11』p. 162
・「論篤是與，君子者乎？色莊者乎？」『論語・先進』、邢昺注：「孔子謙，不正言，故云"與""乎"以疑之也」『論語注疏・11』p. 169
・「以吾一日長乎爾，毋吾以也」『論語・先進』、邢昺注：「言女等侍吾，以吾年長於女，謙而少言，故云一日」『論語注疏・11』p. 173
・「商聞之矣」『論語・顏淵』、邢昺注：「商，子夏名，謙，故云商聞之矣，示非妄謬也」『論語注疏・12』p. 180
・「何如斯可謂之士矣？」『論語・子路』、邢昺注：「士，有德之稱」『論語注疏・13』p. 202
・「君子道者三，我無能焉」『論語・憲問』、邢昺注：「子貢言夫子實有仁、知及勇，而謙稱我無，故曰夫子自道說也。所謂謙尊而光」『論語注疏・14』p. 223
・「闕黨童子將命」『論語・憲問』、邢昺注：「童子，未冠者之稱」『論語注疏・14』p. 232
・「邦君之妻，君稱之曰夫人，夫人自稱曰小童，邦人稱之曰君夫人，稱諸異邦曰寡小君，異邦人稱之曰君夫人也」『論語・季氏』、邢昺注：「"夫人自稱

曰小童"者，自稱謙言己小弱之童稚也。…謂己國臣民稱己君之夫人於他國之人，則曰寡小君。<u>對異邦謙也</u>。以對異邦稱君曰寡君，<u>謙言寡德之君</u>」『論語注疏・16』p. 262
- 「士見危致命」『論語・子張』、邢昺注：「士者，<u>有德之稱</u>，自卿大夫已下皆是」『論語注疏・19』p. 291
- 「予小子」『論語・堯曰』、邢昺注：「稱小子，<u>謙</u>也」『論語注疏・20』p. 304

### 2.25　孫奭(962～1033年　北宋)
- 「孟子」『孟子』、孫奭注：「是子者，<u>男子有德之通稱也</u>」『孟子・注疏題辭解』p. 4
- 「叟，不遠千里而來」『孟子・梁惠王』、孫奭注：「叟，<u>尊老之稱也</u>」『孟子注疏・1』p. 4
- 「昔者竊聞之」『孟子・公孫丑』、孫奭注：「孟子常<u>自謙</u>，故言我往日竊聞之」『孟子注疏・3』p. 101
- 「願受一廛而爲氓」『孟子・滕文公』、孫奭注：「氓，<u>野人之稱</u>」『孟子注疏・5』p. 178

### 2.26　呂大臨(1040～1092年　北宋)
- 「納女於天子曰"備百姓"」『禮記・曲禮下』、呂大臨注：「不敢以伉儷自期，備妾媵之數而已，<u>自卑之辭也</u>」『禮記集解・6』p. 162

### 2.27　陸佃(1042～1102年　北宋)
- 「辭無不腆」『禮記・郊特牲』、陸佃注：「凡<u>謙辭</u>，言不腆」『禮記集解・26』p. 708

### 2.28　朱熹(1130～1200年　南宋)
- 「窈窕淑女」『詩經・國風・周南』、朱熹注：「女者，<u>未嫁之稱</u>」『詩集傳・1』(『儒藏・精華編24』p. 486)
- 「德音無良」『詩經・邶・燕燕』、朱熹注：「德音，<u>美其辭</u>」『詩集傳・2』

- 「羔裘如濡，洵直且侯」『詩經・鄭・羔裘』、朱熹注：「蓋美其大夫之詞」『詩集傳・4』(『儒蔵・精華編24』p. 531)
- 「終鮮兄弟」『詩經・鄭・子衿』、朱熹注：「兄弟，婚姻之稱」『詩集傳・4』(『儒蔵・精華編24』p. 535)
- 「子兮子兮，如此邂逅何」『詩經・鄭・揚子水』、朱熹注：「此爲夫婦相語之詞也」『詩集傳・6』(『儒蔵・精華編24』p. 549)
- 「子兮子兮，如此粲者何」『詩經・鄭・揚子水』、朱熹注：「此爲夫語婦之詞也」『詩集傳・6』(『儒蔵・精華編24』p. 549)
- 「豈曰無衣六兮」『詩經・唐・無衣』、朱熹注：「天子之卿六命。變七言六者，謙也，不敢必當諸侯之命。得受六命之服，比於天子之卿，亦幸矣」『詩集傳・6』(『儒蔵・精華編24』p. 551)
- 「言念君子，温其如玉」『詩經・唐・小戎』、朱熹注：「温其如玉，美之之詞也」『詩集傳・6』(『儒蔵・精華編24』p. 554)
- 「幡幡瓠葉，采之亨之。君子有酒，酌言嘗之」『詩經・白華』、朱熹注：「蓋述主人之謙詞，言物雖薄，而必與賓客共之也」『詩集傳・15』(『儒蔵・精華編24』p. 645)
- 「黄耇台背」『詩經・生民・行葦』、朱熹注：「黄耇，老人之稱」『詩集傳・17』(『儒蔵・精華編24』p. 666)
- 「無曰予小子」『詩經・蕩・江漢』、朱熹注：「子，小子，王自稱也」『詩集傳・18』(『儒蔵・精華編24』p. 689)
- 「閔予小子」『詩經・周頌・閔予小子』、朱熹注：「予小子，成王自稱也」『詩集傳・19』(『儒蔵・精華編24』p. 702)
- 「竊比於我老彭」『論語・述而』、朱熹注：「竊比，尊之之辭」『論語集注・4』(『四書章句集注』p. 92)
- 「鳥之將死，其鳴也哀，人之將死，其言也善」『論語・泰伯』朱熹注：「此曾子之謙辭」『論語集注・4』(『四書章句集注』p. 103)
- 「顔淵問爲邦」『論語・衛靈公』朱熹注：「曰爲邦者，謙辭」『論語集注・8』(『四書章句集注』p. 163)

- 「稱諸異邦曰寡小君」『論語・季氏』朱熹注：「寡，寡德，<u>謙辭</u>」『論語集注・8』(『四書章句集注』p. 174)
- 「詩云：刑于寡妻」『孟子・梁惠王』、朱熹注：「寡妻，寡德之妻，<u>謙辭也</u>」『孟子集注・1』(『四書章句集注』p. 209)
- 「人能充無受爾汝之實」『孟子・盡心』朱熹注：「蓋爾汝人所<u>輕賤之稱</u>」『孟子集注・14』(『四書章句集注』p. 372)
- 「發憤忘食，樂以忘憂，不知老之將至也」『論語・述而』、朱熹注：「泛說若是<u>謙辭</u>」『朱子語類・34』p. 888
- 「好古敏以求之」『論語・述而』、朱熹注：「"好古敏以求之"自是<u>謙辭</u>」『朱子語類・34』p. 888
- 「學而不厭，誨人不倦」『論語・述而』、朱熹注：「"學不厭，教不倦"，亦是<u>謙辭</u>」『朱子語類・34』p. 888
- 「鳳鳥不至」『論語・子罕』、朱熹注：「聖人尋常多有<u>謙詞</u>」『朱子語類・36』p. 961
- 「乃寡兄勖」『尚書・康誥』、朱熹注：「蓋"寡"者，是向人稱我家，我國<u>長上之辭</u>」『朱子語類・78』p. 2055
- 「儀禮饋食之詞曰："適爾皇祖伯某父"，伯，伯仲叔季也；某，字也；父，<u>美稱</u>，助辭也」『朱子語類・85』p. 2202
- 「名余曰正則兮，字余曰靈均」『楚辭・離騷』、朱熹注：「正則、靈均，各釋其義，以爲<u>美稱</u>耳」『楚辞集校集釋・上』p. 69

## 2.29　錢杲之(不詳　宋)
- 「皇覽揆余初度兮」『楚辭・離騷』、錢杲之注：「皇，<u>美辭</u>」『楚辞集校集釋・上』p. 63

## 2.30　陳澔(1260～1340年　元)
- 「假爾泰龜有常」『禮記・曲禮上』、陳澔注：「泰者，<u>尊上之辭</u>」『禮記集說・1』(『儒藏・精華編 55』p. 36)
- 「自稱於其君曰"小童"」『禮記・曲禮下』、陳澔注：「小童，<u>未成人之稱</u>」

・『禮記集説・1』(『儒蔵・精華編 55』p. 49)
・「祭王父曰 "皇祖考"」『禮記・曲禮下』、陳澔注：「曰皇曰王，皆以君之稱<u>尊之</u>也」『禮記集説・1』(『儒蔵・精華編 55』p. 53)
・「曰 "嬪"」『禮記・曲禮下』、陳澔注：「嬪者，<u>婦人之美稱</u>」『禮記集説・1』(『儒蔵・精華編 55』p. 54)
・「子夏曰：聖人之葬人與？人之葬聖人也。子何觀焉？」『禮記・檀弓上』、陳澔注：「子夏以爲聖人葬人，則事皆合禮，人葬聖人，則未必合於禮也。<u>蓋謙辭</u>」『禮記集説・2』(『儒蔵・精華編 55』p. 81)
・「今一日而三斬板，而已封，尚行夫子之志乎哉」『禮記・檀弓上』、陳澔注：「乎哉，疑辭，亦<u>謙不敢質言</u>也」『禮記集説・2』(『儒蔵・精華編 55』p. 81)
・「于高禖之前」『禮記・月令』、陳澔注：「高禖，先禖之神也。高者，<u>尊之之稱</u>」『禮記集説・5』(『儒蔵・精華編 55』p. 148)
・「命漁師伐蛟，取鼉、登龜、取黿」『禮記・月令』、陳澔注：「蛟言伐，以其暴惡不易攻取也。黿言登，<u>尊異之</u>也。鼉、龜言取，易而賤之也」『禮記集説・5』(『儒蔵・精華編 55』p. 158)
・「介子某薦其常事」『禮記・曾子問』、陳澔注：「不曰 "庶" 而曰 "介" 者，<u>庶子卑賤之稱</u>」『禮記集説・6』(『儒蔵・精華編 55』p. 187)
・「在父母舅姑之所，有命之，應 "唯"」『禮記・内則』、陳澔注：「應之辭，"唯" 爲<u>恭</u>」『禮記集説・8』(『儒蔵・精華編 55』p. 258)
・「父命呼 "唯"，而不 "諾"」『禮記・玉藻』、陳澔注：「應辭，"唯" <u>速而恭</u>，"諾" 緩而慢」『禮記集説・9』(『儒蔵・精華編 55』p. 292)
・「聞始見」『禮記・少儀』、陳澔注：「記者<u>謙</u>言我嘗聞之於人云」『禮記集説・10』(『儒蔵・精華編 55』p. 320)
・「其以乘壺酒、束脩、一犬賜人。若獻人，則陳酒，執脩以將命」『禮記・少儀』、陳澔注：「卑者曰賜，<u>尊</u>者曰獻」『禮記集説・10』(『儒蔵・精華編 55』p. 327)
・「寡小君不祿」『禮記・雜記上』、陳澔注：「君與夫人訃，不曰 "薨" 而曰 "不祿"，<u>告他國謙辭也</u>」『禮記集説・12』(『儒蔵・精華編 55』p. 368)

・「寡君不敏」『禮記・雜記下』、陳澔注：「將命者謙言寡君不敏」『禮記集說・12』(『儒藏・精華編 55』p. 395)
・「當飲者皆跪奉觴，曰"賜灌"。勝者跪曰"敬養"」『禮記・投壺』、陳澔注：「服善而爲尊敬之辭也。其勝者則跪而言，敬以此觴爲奉養也。雖行罰爵，猶爲尊敬之辭，以答"賜灌"之辭也」『禮記集說・16』(『儒藏・精華編 55』p. 510)

## 2.31　張自烈(1564～1650 年　明)
・「凡自稱猥者，卑辭也」『正字通』p. 738 上

## 2.32　汪瑗(16 世紀　明)
・「帝高陽之苗裔兮」『楚辭・離騷』、汪瑗注：「帝者，王天下者之通稱也，苗裔，胤嗣久遠之通稱」『楚辭集校集釋・上』p. 43
・「又重之以脩能」『楚辭・離騷』、汪瑗注：「蓋能者，才美之通稱」『楚辭集校集釋・上』p. 76
・「女須之嬋媛兮」『楚辭・離騷』、汪瑗注：「須者，賤妾之稱，以比黨人也」『楚辭集校集釋・上』p. 301
・「終不察夫民心」『楚辭・離騷』、汪瑗注：「不曰己而曰人者，婉其詞也」『楚辭集校集釋・上』p. 327
・「欲少留此靈瑣兮」『楚辭・離騷』、汪瑗注：「靈者，贊美之詞」『楚辭集校集釋・上』p. 410

## 2.33　錢澄之(1612～1693 年　明・清)
・「朕皇考曰伯庸」『楚辭・離騷』、錢澄之注：「古上下通稱"朕"，謙詞也」『楚辭集校集釋・上』p. 43

## 2.34　劉淇(17 世紀末～18 世紀初　清)
・「請問其目」『論語・顏淵』、劉淇注：「以卑承尊，有所啓請，故云"請"也」『助字辨略・3』p. 171

第 6 章　歴代訓詁学者のポライトネス訓釈　171

- 「臣伏計之」『漢書・文帝紀』、劉淇注：「"伏" 者，<u>以卑承尊之辭也</u>」『助字辨略・5』p. 238
- 「竊比於我老彭」『論語・述而』、劉淇注：「凡云 "竊" 者，<u>謙辭</u>，不敢徑直以爲何如，故云竊也」『助字辨略・5』p. 258

## 2.35　王夫子(1619 〜 1692 年　清)

- 「皇剡剡其揚靈兮」『楚辭・離騷』、王夫子注：「皇，<u>尊稱神之辭</u>」『楚辭集校集釋・上』p. 582

## 2.36　孫希旦(1736 〜 1784 年　清)

- 「假爾泰龜有常」『禮記・曲禮上』、孫希旦注：「曰泰，<u>尊之之辭</u>」『禮記集解・4』p. 93
- 「君天下曰 "天子"，朝諸侯，分職授政任功，曰 "予一人"」『禮記・曲禮下』、孫希旦注：「予一人，天子自稱及擯者之辭，<u>謙言己亦人中之一人耳，猶諸侯之稱孤、寡也</u>」『禮記集解・5』p. 126
- 「曰：予小子」『禮記・曲禮下』、孫希旦注：「初免喪，未欲遽稱予一人，<u>謙辭也</u>」『禮記集解・5』p. 130
- 「於外自稱王老」『禮記・曲禮下』孫希旦注：「王老，言天子長老之臣，<u>尊大之號也</u>」『禮記集解・5』p. 136
- 「自稱曰 "寡人"」『禮記・曲禮下』、孫希旦注：「自稱曰 "寡人"，<u>謙言寡德之人也</u>」『禮記集解・6』p. 141
- 「自稱於諸侯曰 "寡小君"」『禮記・曲禮下』、孫希旦注：「曰 "寡"，亦<u>謙辭</u>」『禮記集解・6』p. 145
- 「庶子爲大夫」『禮記・曾子問』、孫希旦注：「庶子，<u>卑賤之稱</u>」『禮記集解・19』p. 538
- 「天子大社」『禮記・郊特牲』、孫希旦注：「天子之社曰大社，<u>尊之之辭</u>」『禮記集解・25』p. 685
- 「傳遽之臣」『禮記・玉藻』孫希旦注：「以此自稱，<u>甚謙之辭</u>」『禮記集解・30』p. 838

・「君訃於他國之君，曰"寡君不禄，敢告於執事"」『禮記・雜記上』、孫希旦注：「諸侯之喪，訃告之辭曰"不禄"，國中書之曰"薨"，隣國書之曰"卒"。一以爲謙己，一以爲尊君，一以爲別外内之辭，義各有所當也」『禮記集解・39』p. 1043
・「君薨，太子號稱子」『禮記・雜記上』孫希旦注：「蓋未即位則未成爲君，故不稱公而稱子，子者，男子之美稱也」『禮記集解・39』p. 1053
・「遠廟爲祧」『禮記・祭法』、孫希旦注：「蓋祧即寢也…聘禮言"不腆先君之祧"，自謙，故不言"廟"而言"寢"也」『禮記集解・45』p. 1199
・「寡人固，不固，焉得聞此言也？寡人欲問，不得其辭。請少進！」『禮記・哀公問』、孫希旦注：「蓋公欲再問，而先爲謙辭以發其端也」『禮記集解・48』p. 1262
・「公子之妻爲其皇姑」『禮記・服問』、孫希旦注：「曰皇姑者，由公子之妻尊稱之」『禮記集解・54』p. 1355
・「敢請女爲誰氏？」『儀禮・士昏禮』、孫希旦注：「謙不敢質言，故言"誰氏"」『禮記集解・58』p. 1417
・「賓私面私覿」『禮記・聘義』、孫希旦注：「於君言"覿"者，尊辭也，於臣言"面"者，質辭也」『禮記集解・61』p. 1461

**注**

1　表1～3内の術語配列の第1基準は文字数である。表1と表3の第2基準は「尊敬、謙遜、美化、親密、身分、性別、年齢」などの意味内容である。
2　訓釈用例配列の第1基準はテキストの成立年代順、第2基準は同一テキスト内出現箇所の巻数順、第3基準は意味内容の近似性である。
3　巻次の表示は、テキストによって「卷第一」「卷之一」「卷一」「第一」「第一冊」などのようにそれぞれ異なるが、本章では『～・1』で統一する。

**用例出典**
王逸［漢］2世紀『楚辭章句』(董治安(編)『兩漢全書・19』山東大學 2009)
王肅［魏］3世紀『尚書王氏注』(韓格平(編)『魏晉全書・2』吉林文史出版社 2006)

王肅［魏］3世紀『毛詩王氏注』(韓格平（編）『魏晋全書・2』吉林文史出版社 2006)
王肅［魏］3世紀『春秋左傳王氏注』(韓格平（編）『魏晋全書・2』吉林文史出版社 2006)
王肅［魏］3世紀『孔子家語』(韓格平（編）『魏晋全書・2』吉林文史出版社 2006)
王天海(2005)『荀子校釋』上海古籍出版社
王弼［晋］3世紀『論語釋疑』(韓格平（編）『魏晋全書・2』吉林文史出版社 2006)
王聘珍［清］18世紀『大戴禮記解詁』(中華書局 1983)
何寧(1998)『淮南子集釋』中華書局
何晏［魏］3世紀『論語集解』(韓格平（編）『儒蔵』精華編 104　北京大學 2007)
皇侃 6世紀『論語義疏』(『儒蔵』精華編 104　北京大學 2007)
高步瀛(1985)『文選李注義疏』中華書店
高明(1996)『帛書老子校注』中華書局
崔富章、李大明(2003)『楚辭集校集釋』湖北教育出版社
朱熹［宋］12世紀『四書章句集注』(中華書局 1983)
朱熹［宋］12世紀『詩集傳』(『儒蔵』精華編 24　北京大學 2008)
孫希旦［清］18世紀『禮記集解』(沈嘯寰、王星賢點校　中華書局 1989)
孫星衍［清］19世紀『尚書今古文注疏』(陳抗、盛冬鈴點校　中華書局 1986)
張自烈［明］17世紀『正字通』(東豊書店 1996)
陳奇猷(2002)『呂氏春秋新校釋』上海古籍出版社
陳澔［元］13-14世紀『禮記集説』(『儒蔵』精華編 55　北京大學 2009)
鄭玄［漢］2世紀『(唐寫本)論語鄭氏注』(『儒蔵』精華編 281　北京大學 2007)
鄭玄［漢］2世紀『孝經注』(董治安（編）『兩漢全書・27』山東大學 2009)
服虔［漢］2-3世紀『春秋傳服氏注』(董治安（編）『兩漢全書・23』山東大學 2009)
揚雄［漢］1世紀『方言』(周祖謨『方言校箋』中華書局 1993)
李索(2005)『敦煌寫卷《春秋經傳集解》校證』中国社会科學
李學勤(2000a)『周易正義』(王弼注、孔穎達疏)北京大學
李學勤(2000b)『尚書正義』(孔安國傳、孔穎達疏)北京大學
李學勤(2000c)『毛詩正義』(毛亨傳、鄭玄箋、孔穎達疏)北京大學
李學勤(2000d)『周禮注疏』(鄭玄注、賈公彦疏)北京大學
李學勤(2000e)『儀禮注疏』(鄭玄注、賈公彦疏)北京大學
李學勤(2000f)『禮記正義』(鄭玄注、孔穎達疏)北京大學
李學勤(2000g)『春秋左傳正義』(杜預注、孔穎達等正義)北京大學
李學勤(2000h)『春秋公羊傳注疏』(何休注、徐彦疏)北京大學
李學勤(2000i)『春秋穀梁傳注疏』(范寧集解、楊士勛疏)北京大學
李學勤(2000j)『論語注疏』(何晏注、邢昺疏)北京大學
李學勤(2000k)『爾雅注疏』(郭璞注、邢昺疏)北京大學
李學勤(2000l)『孟子注疏』(趙岐注、孫奭疏)北京大學

李學勤(2000m)『孝經注疏』(李隆基注、邢昺疏)北京大學
劉淇［清］(1711)『助字辨略』(章錫琛校注 中華書局 1954)
劉向［漢］約前 1 世紀『戰國策』(上海古籍出版社 1998)
黎靖德［宋］13 世紀『朱子語類』(王星賢點校 中華書局 1986)

# 参考文献

**（中国語）**

安平秋(1998)「『史記』版本述要」『北京大學百年國學文粹・語言文獻卷』北京大學出版社。

魏維新、陳雷［清］17 世紀「助語辭補」(盧以緯［元］14 世紀『助語辭』集注本　中華書局 1988）

易孟醇(1989)『先秦語法』湖南教育出版社。

阮元［清］19 世紀『十三經注疏・禮記正義』中華書局影印版(1979)。

袁庭棟(1994)『古人稱謂漫談』中華書局

王引之［清］(1815)『經傳釋詞』(江蘇古籍出版社 2000)。

王笑湘(1987)『文言語法』中國人民大學出版社。

王聘珍［清］18 世紀『大戴禮記解詁』(中華書局 1983)。

王力(1955)『中國語法理論』中華書局。

王力(1958)『漢語史稿』科學出版社。

王力(1964)『古代漢語』中華書局。

王力(1985)『古代漢語(一)』中華書局。

何寧(1998)『淮南子集釋』中華書局。

管錫華(2000)『史記單音詞研究』巴蜀書社。

韓兆琦(1996)『史記通論』廣西師範大學出版社。

吉春(1989)『司馬遷年譜新編』三秦出版社。

許仰民(1988)『古漢語語法』河南大學出版社。

許慎［漢］(2 世紀)『説文解字』(段玉裁注 18 世紀 説文解字注 經韻樓藏版 上海古籍出版影印 1981)。

侯雲龍(2003)『古代漢語知識』知識出版社。

孔穎達［唐］7 世紀『禮記正義』(上海古籍出版社 1990)。

康瑞琮(1987)『古代漢語語法』遼寧人民出版社。

高明(1996)『帛書老子校注』中華書局。

顧曰國(1992)「禮貌、語用與文化」『外語教學與研究』北京外國語學院語言研究所 10-17。

胡適(1939)「"爾""汝"二字之文法」(『胡適學術文集：語言文字研究』中華書局 1993 116–119)。

崔富章、李大明(2003)『楚辭集校集釋』湖北教育出版社。

崔立斌(2004)『「孟子」詞類研究』河南大學出版社。

司馬遷［漢］前 1 世紀『史記』(中華書局 1997) (底本：金陵書局刊行『史記集解索隱正義合刻本』)。
司馬遷［漢］前 1 世紀『史記』(汲古書院 1996) (底本：南宋建安黃善夫刊本影印本)。
司馬遷［漢］前 1 世紀『史記』(明治書院 1973) (吉田賢抗、水沢利忠編　底本：『史記会注考証』『増訂史記評林』)。
朱熹［宋］(1190)『四書章句集注』(中華書局 1983)。
朱東潤(1996)『史記考索』華東師範大學。
周法高(1990)『中國古代語法─稱代編』中華書局。
徐朝華(2003)『上古漢語詞彙史』商務印書館。
沈錫倫(1995)「表現民族文化的語言形式─文化語言學初探」『文化語言學中國潮』邵敬敏主編　語文出版社 59-67。
鄒昌林(2000)『中國禮文化』社会科學文献出版社。
錢玄(1996)『三禮通論』南京師範大學出版社。
倉修良(1991)『史記辞典』山東教育出版社。
曹文柱(1996)『中國社会通史─秦漢魏晋南北卷』山西教育出版社。
孫希旦［清］18 世紀『禮記集解』(中華書局 1989)。
孫星衍［清］19 世紀『尚書今古文注疏』(十三経清人注疏　中華書局 1986)。
張貽惠(1957)『古漢語語法』湖北人民出版社。
張玉金(2004)『西周漢語語法研究』商務印書館。
張自烈［明］17 世紀『正字通』(東豊書店 1996)。
張舜徽(1984)『鄭學叢書』齊鲁書社。
陳建民(1989)『語言文化社会新探』上海教育出版社。
鄭之洪(1997)『史記文獻研究』巴蜀書社。
程邦雄(1997)「『論語』中的稱謂與避諱研究」『語言研究』(132) 華中理工大學 109-117。
范曄［南朝］5 世紀『後漢書』(中華書局 1997)。
馬建忠［清］19 世紀『馬氏文通』(商務印書館 1898)。
馬文熙、張歸璧(1996)『古漢語知識詳解辞典』中華書局。
馬忠(1983)『古代漢語語法』山東教育出版社。
班固［漢］1 世紀『漢書』(中華書局 1997)。
揚雄［漢］1 世紀『方言』(周祖謨『方言校箋』中華書局 1993)。
楊素珍(1997)「『周禮』"老"字詞彙意義之分析」『黃侃學術研究』武漢大學出版社 418-433。
楊伯峻(1936)『中國文法語文通解』商務印書館。
楊伯峻(1957)『文言語法』北京出版社。
楊伯峻(1972)『文言文法』中華書局香港分局。
楊樹達(1928)『詞詮』(中華書局 1954)。

楊樹達(1930)『高等國文法』商務印書館。
楊小平(2004)『《後漢書》語言研究』巴蜀書社。
李索(2005)『敦煌寫卷《春秋經傳集解》校證』中國社會科學。
李學勤(2000a)『周易正義』(王弼注、孔穎達疏)北京大學。
李學勤(2000b)『尚書正義』(孔安國傳、孔穎達疏)北京大學。
李學勤(2000c)『毛詩正義』(毛亨傳、鄭玄箋、孔穎達疏)北京大學。
李學勤(2000d)『周禮注疏』(鄭玄注、賈公彥疏)北京大學。
李學勤(2000e)『儀禮注疏』(鄭玄注、賈公彥疏)北京大學。
李學勤(2000f)『禮記正義』(鄭玄注、孔穎達疏)北京大學。
李學勤(2000g)『春秋左傳正義』(杜預注、孔穎達等正義)北京大學。
李學勤(2000h)『春秋公羊傳注疏』(何休注、徐彥疏)北京大學。
李學勤(2000i)『春秋穀梁傳注疏』(范寧集解、楊士勛疏)北京大學。
李學勤(2000j)『論語注疏』(何晏注、邢昺疏)北京大學。
李學勤(2000k)『爾雅注疏』(郭璞注、邢昺疏)北京大學。
李學勤(2000l)『孟子注疏』(趙岐注、孫奭疏)北京大學。
李學勤(2000m)『孝經注疏』(李隆基注、邢昺疏)北京大學。
陸德明［唐］6世紀『經典釋文』(彙校本　中華書局 2006)。
李佐豐(2004)『古代漢語語法學』商務印書館。
劉淇［清］(1711)『助字辨略』(章錫琛校注本　中華書局 1954)。
劉向［漢］約前1世紀『戰國策』(上海古籍出版社 1998)
劉學林、劉天澤、遲鐸(1987)『古漢語語法』陝西人民出版社。
劉蘭英、王開蓮、趙九歌(1992)『古文知識辭典』廣西人民出版社。
梁章鉅［清］(1848)『稱謂錄』(岳麓書社 1991)。
黎靖德［宋］13世紀『朱子語類』(王星賢點校　中華書局 1986)。
盧以緯［元］14世紀『助語辭』(集注本 中華書局 1988)。
魯立(1994)『文言文詞法句法例釋』中國廣播電視出版社。
羅邦柱編(1988)『古漢語知識辭典』武漢大學出版社。
呂叔湘(1944)『中國文法要略』商務印書館。

(日本語)
井出祥子、荻野綱男、川﨑晶子、生田少子(1986)『日本人とアメリカ人の敬語行動』
　　　南雲堂。
牛島德次(1967)『漢語文法論(古代編)』大修館書店。
内野熊一郎(1998)『新釈漢文大系・孟子』明治書院。
太田辰夫(1964)『古典中国語文法』汲古書院。
荻生徂徠(1714)『訓譯示蒙』(『漢文典叢書・第1巻』汲古書院 1979)。
小野寺典子(2006)「歴史語用論の成立と射程」『語用論研究』第8号　日本語用論学会

69-82。
金谷治(1978)『唐抄本鄭氏注論語集成』平凡社。
金谷治(1963)『論語』岩波書店。
鎌田正(1971)『新釈漢文大系・春秋左氏伝』明治書院。
木村英一(1984)『老子』講談社文庫。
金水敏(2006)「日本(語)への発信・日本(語)からの発信」、『語用論研究』(第8号) 日本語用論学会 67-68。
釋大典(1799)『詩家推敲』(『漢語文典叢書・第1巻』汲古書院 1979)。
高田信治、後藤基巳(1996)『易経』岩波書店。
竹内照夫(1979)『新釈漢文大系・礼記』明治書院。
藤堂明保(1986)『鄭玄研究　儀礼士昏疏』蜂屋邦夫編　汲古書院 401-492。
彭国躍(1993)「近代中国語の敬語の語用論的考察」『言語研究』(第103号) 日本言語学会 117-183。
彭国躍(1995)「『金瓶梅詞話』の「年齢質問」発話行為と敬語表現—社会言語学的アプローチ」『言語研究』(第108号)日本言語学会 24-45。
彭国躍(1997)「中国語敬辞体系の衰退プロセス—言語と社会の通時的共振性」『計量国語学』(21巻3号)計量国語学会 85-100。
彭国躍(1999)「中国語に敬語が少ないのはなぜ？」『言語』(Vol. 28 No. 11) 大修館 60-63。
彭国躍(1999)「文革中における中国語絶対敬語の復活とその社会的背景」『人文研究』(137)神奈川大学人文学会 1-20。
彭国躍(2000a)『近代中国語の敬語システム—「陰陽」文化認知モデル』白帝社。
彭国躍(2000b)「松下文法"待遇"の本質とその理論的可能性—"価値の意味論"の枠組み」世界の日本語教育　国際交流基金日本語国際センター 191-206。
彭国躍(2001)「古代中国の言語禁則とその社会的コンテクスト—『禮記』言語規範の研究」『言語研究』(23)神奈川大学 135-154。
彭国躍(2002)「古代中国語における呼称の社会的変異—『禮記』言語規範の研究」『社会言語科学』(第5巻第1号)社会言語科学会 5-20。
彭国躍(2003)「古代中国語における〈死亡〉の社会的変異—『史記』言語運用の研究」『社会言語科学』(第5巻第2号)社会言語科学会 33-47。
宮崎市定(1996)『史記を語る』岩波書店。

**（英語）**

Austin, J. L. 1962 How to Do Things with Words. Cambridge, Mass.: Harvard U. P. (坂本百大訳『言語と行為』大修館書店 1978)。
Brown, P. and Levinson, S, C. 1978 "Universals in Language Usage: politeness phenomena", in Goody, E. N. (ed), *Questions and Politeness: Strategies in Social Interaction*, Cam-

bridge: Cambridge U. P, pp. 56–289.
Brown, P and Levinson, S, C. 1987 Politeness: Some Universal in Language Usage. Cambridge U. P.
Chao, Yuen Ren. 1956 Chinese Terms of Address *Language* 32: 217–224.
Denis Twitchett and Michael Loewe 1986 The Cambridge History of China Volume1-The Ch'in and Han Empires 221B.C.-A.D.220 Cambridge University Press（楊品泉等譯『劍橋中國秦漢史』中國社会科學出版社 1992）。
Kopytko, Roman. 1995. "Linguistic Politeness Strategies in Shakespeare's Plays". *Historical Pragmatics*. Jucker, A. H. (ed.) 515–540.
Harald Weinrich 1976 Sprache in Texten. Stuttgart, Klett Verlag（脇阪豊他訳『言語とテクスト』紀伊国屋書店 1984）。
Leech, Geoffrey. N. 1983 Principles of Pragmatics Longman Group Limited, London（池上嘉彦、河上誓作訳『語用論』紀伊国屋書店 1987）。
Levinson, S. C. 1983 Pragmatics Cambridge University Press（安井稔、奥田夏子訳『英語語用論』研究社 1990）。
Searle, J. R. 1969 Speech Acts: An Essay in the Philosophy of Language Cambridge U. P. （坂本百大、土屋俊訳『言語行為』勁草書房 1986）。
Skewis, Malcolm. 2003 "Mitigated directness in Honglou meng: directive speech acts and politeness in eighteenth century Chinese" *Journal of Pragmatics 35*: 161–189.
Spolsky, B. 1998 Sociolinguistics. Oxford University Press.
Wardhaugh, R. 1992 An Introduction to Sociolinguistics. Oxford: Basil Blackwell（田部滋、本名信行訳『社会言語学』リーベル出版 1994）。

# 初出一覧

① 「古代中国語における〈死亡〉の社会的変異―『史記』言語運用の研究」『社会言語科学』(第5巻第2号)社会言語科学会(2003年)(本書第1章)
② 「古代中国語における呼称の社会的変異―『礼記』言語規範の研究」『社会言語科学』(第5巻第1号)社会言語科学会(2002年)(本書第2章)
③ 「古代中国の言語禁則とその社会的コンテクスト―『礼記』言語規範の研究」『神奈川大学言語研究』(No. 23)神奈川大学言語研究センター(2001年)(本書第3章)
④ 「上古中国語の副詞型敬語の研究」『言語の個別性と普遍性』神奈川大学言語研究センター(2008年)(本書第4章)
⑤ 「漢代鄭玄が訓釈した古代中国語の対人関係機能について―歴史語用論のアプローチ」『語用論研究』(第9号)日本語用論学会(2007年)(本書第5章)

# あとがき

　本書の執筆と編集過程において、改めて漢代の鄭玄という人物の生き方に深い感銘を受けた。彼は、高密(今の山東省)の下層士族出身で、若い頃貧窮な生活の中で学問に目覚め、親の反対を押し切り、当時名高い儒学者馬融の塾門を叩いた。最初の3年間塾の末席で勉学に励んだ彼は、10数年後学業を成し遂げ、郷里高密に帰ろうとした時には、「これで学問の中心が彼と共に東に移るだろう」と馬融に惜しまれるほどになった。帰郷後、彼は一時期「党錮の禁」という政治弾圧の連座を受けたが、禁が解かれた後、度重なる官職の誘いを固辞し、時流に追随せず、権力の威光を借りずに、生涯テキスト解釈という訓詁の道を突き進んだ。周代の書物に対する彼の注釈は、2千年経ったいまでも歴史学、民俗学、社会学だけでなく、言語学においても色褪せることなく輝き続けている。

　どの時代においても研究者には、学問の真価とは何かという問いにぶつかる。学問の真価は世俗的な評判や権威によるお墨付きではなく、研究者自身の、研究対象への深い洞察、時代を超越する判断力と心の奥底にある強い信念によって見いだされ、創造されるものだということを、鄭玄が身をもって教えてくれたような気がして止まない。

　本書各章の初出論文に対する修正は、主に以下の点において行われた。(1)句読点の統一、(2)中国語の字体の統一、(3)一部の表現の修正と脱字誤字の訂正。
　本書の一部(第1、2、3章)は1998年度の科学研究補助金(「「普遍的」言語運用モデルの構築」代表：岡本能里子氏)と1999年、2002年度の神奈川大学言語研究センターの研究奨励助成(「古代中国語の敬語に関する社会言語学的研究」)を受けたものである。本書の出版は神奈川大学言語研究センターの支援を受けて実現した。ここで同研究センターの所長堤正典先生、運営委

員の諸先生方および日頃センターの運営にご尽力くださった職員の石渡雅子氏に心より感謝の意を表したい。最後に、本書の出版を快諾してくださったひつじ書房の松本功社長と適切なアドバイスをいただいた編集の森脇尊志氏に厚く御礼を申し上げたいと思う。

# 索引

## 用語索引

### あ
挨拶行為の禁則　75

### い
生きたメタファー　23
異形　2, 3, 9, 28
位相　117
依存変項　28
一般語用論　i, 59, 85
移動動詞　127
諱名　51
諱名行為の禁則　78
依頼発話行為　111
インターフェース　i
陰陽　59, 60
陰陽世界観　29, 59
陰陽秩序の原則　85

### う
運用規範　3
運用実態　1, 3

### お
王族層　8
音声言語　1, 3

### か
概念的意味　127
改名禁則　73
雅言　2, 17
価値観　114
価値含意　7
価値的含意　54
価値的差異　56
価値的評価　59
価値的評価の原則　110
仮定表現　21, 23
カテゴリー化　93
含意解釈　137
諫言行為の禁則　76
関数要素　59, 69
間接発話行為　120
感嘆詞　115, 141

### き
祈願行為の禁則　80
擬古体　2
擬似命令　64
規範意識　86
虚詞　131
距離的関係　33
距離の禁則　83

### く
訓詁学　60, 87, 90, 111, 132, 135

### け
敬意　78, 91, 93
経学　60, 132
敬謙副詞　91, 94
敬語　59
敬語行動　60
敬語動詞　127
敬語認定　114

敬語副詞　91
形容詞型の敬語　87
謙意　91, 93
言語意識　28
言行一致の原則　85
言語運用　17, 61
言語規範　17, 61
言語規範意識　28, 29, 46
言語随伴要素　64, 80
言語変項　2, 28
謙称　47
謙譲語　131
謙譲行為　51
謙譲表現　30, 33, 40, 41, 116
謙譲表現類　142
謙遜含意　115, 118, 136, 137
謙遜行為　70
謙遜の原則　109, 110, 131

## こ

行為賦課型行為　79
孝行の原則　85
考証学者　26
皇族層　8
皇帝層　8
肯定的命法　82
呼称異形　29, 40, 42
呼称規定　29
呼称敬語　27
呼称行為の禁則　68
呼称表現　29
呼称名詞　27
古代氏族社会　32
語用論　i, 60
語用論的　63
語用論的現象　1
コンテクスト　48, 49, 50, 52, 58, 129, 902
コンテクスト条件　27, 28

## し

仕官層　8
字義的意味　ii, 117
自敬表現　31
始皇帝　31
示差機能　29, 41
自称変異　30
自他関係　36
親しみの含意　124
失敬表現　123
失敬表現類　142
實詞　131
質問行為の禁則　65
質問発話行為　67
視点移動　41
指標　19
社会言語学　i, 28, 60, 63
社会言語学的　1
社会語用論　i, 86, 132
社会語用論的　85
社会的意味　20, 23
社会的階層　7, 9, 21, 25
社会的関数　1, 28, 55, 56
社会的関数条件　60
社会的規範　17
社会的コンテクスト　71, 74
社会的直示　109
社会的属性　2, 28, 36, 85, 137, 138
社会的ダイクシス　59, 131
社会的変異　25, 28
社会方言　29, 35
借用　3
修辞学　90
修辞的機能　91
修辞法　119, 131
自由変異　16, 17, 19, 20, 25
儒教倫理観　17
主従関係　37
春秋筆法　19
上下関係　42, 57
賞賛行為　77

賞賛行為の禁則　77
小前提　93
上層変種　29, 35
所記　94
書記言語　1
諸侯王層　8
庶民層　8
所有格　125
親族関係　44
死んだメタファー　23
心的態度　93
親密表現　123
親密表現類　142

## す

推論過程　93
数量詞　119
ストラテジー　131

## せ

性別表現類　142
声量の禁則　82
絶対敬語　12, 25, 31, 117
是認の原則　77, 110, 131
ゼルタル語　47

## そ

贈与行為　67
其他の表現　142
尊敬含意　115
尊敬語　54, 131
尊敬表現　113, 114
尊敬表現類　142
尊称　32, 47
尊大行為　70

## た

対神言語行動　70

待遇機能　29, 33, 54, 55
待遇差　23, 33, 47, 54
待遇値　ii, 27
待遇的効果　18
待遇的態度　18, 87
待遇的配慮　59
待遇表現　27
対人関係機能　88, 109, 127, 129
対人機能　119
対人言語行動　28, 70
大臣層　8
対人的配慮　118
対人評価　20
対人評価法　19
大前提　93
態度の禁則　81
対面行動　86
タミール語　47
談話　131

## ち

地域変異　111
忠告発話行為　76
注疏学　60
中庸節度の原則　85

## て

丁寧さの含意　120, 135
丁寧さの原理　110
テクスト　27
テクスト言語学　28

## と

同音異字　3
同音同義　3
同義異字　3
道徳性　59

## な

内外関係　42

## に

人称代名詞　27

## ね

ネガティブ・ポライトネス　109, 131
年齢表現類　142

## の

能記　94

## は

配慮　49, 52, 70, 86
発言順番　82
発言順番の禁則　82
発語行為　74
発語行為の禁則　74
発話意図　137
発話含意　111, 117, 136
発話行為　131
発話参与者　27, 76, 85
発話媒介行為　66, 67

## ひ

美化機能　122
美化表現　121
美化表現類　142
否定的命法　82
否定的言明　64
非難行為　71
非難行為の禁則　71
評価値　21
表敬副詞　91, 92, 95, 97
表謙副詞　91, 92, 95, 100

標準変種　2, 17
非礼行為　77, 79

## ふ

副詞型の敬語　87
不誠実な約束　67
プラス含意　54
文化的価値観　55
文化的秩序観　56
文法化　59, 97, 131
文法論　87, 90
文脈依存度　135
分類学　93

## へ

変項　28
変数要素　40
弁明行為の禁則　79

## ほ

ポジティブ・ポライトネス　132
ポライトネス　63, 70, 85, 109, 136
ポライトネス・マーカー　111
ポライトネス訓釈　137, 138

## ま

マイナス待遇　51, 123
マイナス待遇表現　132
マイナス評価　33
マダガスカル語　47

## み

身分差　127
身分制約　42
身分属性　19
身分表現　126
身分表現類　142

## め

名詞型敬語　88, 131
名詞型の敬語　87
命名行為　72
命名行為の禁則　72
命令行為の禁則　79
メタ言語　89, 110, 112, 138, 141
メタファー　6, 97
メタファー型敬語　iii
メンツ　86

## や

約束行為　67

## り

理想モデル　17
倫理規範　28, 59, 63, 67, 86
倫理性　56, 59
倫理的秩序観　55
倫理評価　19
倫理命法　64

## る

讒言行為の禁則　80

## れ

礼　55, 56, 57, 59
礼学　60
礼の原理　85
礼の行動原理　60
歴史語用論　i, 109
歴史社会語用論　i, 137
レトリック　141

## わ

わきまえ　56, 57, 58, 59

## 人名索引

### A - Z

Brown & Levinson　47, 63, 70, 85, 109, 112, 131
Kopytko　112
Leech　63, 70, 77, 85, 109, 110, 112, 131
Levinson　59, 109
Skewis　110, 111
Spolsky, B　19
Wardhaugh　17, 19

### お

王逸　141, 147
王引之　90
汪瑗　170
王肅　155
王弼　158
王夫子　171
王力　1, 17, 12, 30, 47, 90
太田辰夫　90
荻生徂徠　89, 90, 129

### か

何休　153
賈公彦　89, 129, 163
韓兆琦　4

### き

魏維新　89
許慎　146
金水敏　109

### く

公羊高　138, 143

## け

邢昺　165

## こ

孔安国　141, 145
皇侃　141, 159
孔穎達　18, 89, 161
孔子　12, 19, 41
高誘　155
顧日国　1
穀梁赤　138, 144

## し

子夏　138
始皇帝　9, 10, 18
司馬遷　2, 12, 18, 19
釈大典　89, 129
朱熹　89, 166
秦荘襄王　20, 10

## せ

銭杲之　168
銭澄之　170

## そ

孫希旦　30, 171
孫奭　166

## た

戴聖　1, 28

## ち

紂　18
張貽恵　90
趙岐　89, 141, 147

張自烈　170
陳建民　1
陳澔　168
沈錫倫　1
陳雷　89

## て

鄭玄　35, 89, 111, 141, 148
程邦雄　30

## と

杜預　156

## は

馬建忠　90
馬融　147
范寧　159

## ふ

武乙　18
服虔　148

## ほ

彭国躍　110

## み

宮崎市定　4, 12

## も

毛亨　144
孟子　27

## よ

楊倞　164

楊士勛　163
楊樹達　90
楊伯峻　90
揚雄　138, 146

## り

陸佃　166

李善　163
劉淇　90, 170
梁章鉅　90
呂大臨　166

## ろ

老子　33

【著者紹介】

## 彭 国躍（ほう こくやく）

〈略歴〉1958年中国上海生まれ。1982年華東師範大学外国語学部日本語学科卒業、1985年復旦大学大学院日本言語文学専攻修士課程卒業、1992年大阪大学大学院文学研究科日本学専攻博士後期課程修了。博士（文学）。復旦大学専任講師、国際交流基金日本語国際センター日本語教育専門員、富山大学外国人教師、金沢学院大学助教授を経て、現在神奈川大学外国語学部教授。

〈主要著書・論文〉『近代中国語の敬語システム─「陰陽」文化認知モデル』（白帝社、2000）、「中国語の謝罪発話行為の研究─"道歉"のプロトタイプ」（『語用論研究』5、2003）など。


神奈川大学言語学研究叢書3
## 古代中国語のポライトネス―歴史社会語用論研究

| | |
|---|---|
| 発行 | 2012年11月9日　初版1刷 |
| 定価 | 4800円＋税 |
| 著者 | ©彭 国躍 |
| 発行者 | 松本 功 |
| 印刷所 | 三美印刷株式会社 |
| 製本所 | 田中製本印刷株式会社 |
| 発行所 | 株式会社 ひつじ書房 |

〒112-0011 東京都文京区千石2-1-2 大和ビル2階
Tel.03-5319-4916 Fax.03-5319-4917
郵便振替 00120-8-142852
toiawase@hituzi.co.jp　http://www.hituzi.co.jp

ISBN978-4-89476-633-4

造本には充分注意しておりますが、落丁・乱丁などがございましたら、小社かお買上げ書店にておとりかえいたします。ご意見、ご感想など、小社までお寄せ下されば幸いです。

神奈川大学言語学研究叢書 1　発話と文のモダリティ―対照研究の視点から
武内道子・佐藤裕美 編　定価 6,000 円＋税

Modality and the Conceptual-Procedural Distinction　Deirdre Wilson ／引用とモダリティ　内田聖二／幼児は引用助詞の意味をどのように獲得するのか　松井智子・山本多恵子／命題態度への意味論的制約　武内道子／統語構造と発話の力　長谷川信子／節の周辺要素　岸本秀樹／Functions of CP-Domain　Yukiko Ueda ／日本語条件節における時制、モダリティ、話者　佐藤裕美／Richness of CPs and Licensing of Wh-phrases in Japanese　Masahiko Aihara ／スペイン語の認識モダリティ副詞と法・時制の相関　寺﨑英樹／ロシア語のアスペクトとモダリティ　堤 正典／韓国語の使役動詞の特徴　尹 亭仁

神奈川大学言語学研究叢書 2　モダリティと言語教育
富谷玲子・堤正典 編　定価 4,200 円＋税

丁寧さのモダリティ　砂川有里子／ Suppositional Adverb-based Brackets in Discourse　Andrej Bekeš ／「てしまう」のモダリティ性と日本語教育における課題　黒沢晶子／中国語モダリティの機能体系　彭 国躍／推量形式に関する日韓対照研究　文 彰鶴／ロシア語教育とモダリティ　小林 潔／ロシア語のモダリティとアスペクト　堤 正典／英語法助動詞の諸相と英語教育　佐藤裕美・久保野雅史／語用理論と日本語教育　武内道子